KB167769

노래하는 페미니즘

Singing Feminism
By Park Jun-Woo

Published by Hangilsa Publishing Co., Ltd., Korea, 2019

노래하는 페미니즘

니나 시몬부터 비욘세까지 페미니즘과 연대하는 팝뮤직

박준우 지음

My Little Library 8

한길사

팝 음악과 페미니즘, 팝 페미니즘에 관해 쓰는 이유
· 책머리에

한국에서 살아가는 많은 이가 느끼겠지만 나 역시 수많은 사회 문제를 하루가 멀다 하고, 요즘에는 한 시간 단위로 접하는 것 같다. 특히 여성을 비롯한 소수자를 혐오하는 발언과 각종 혐오 범죄를 수시로 접하는데, 나는 이에 대항하는 활동이나 성명에 동참하거나 가끔 후원금을 입금한다. 연장선에서 내 글쓰기는 여성주의적 글쓰기를 지향한다. 여성주의 저널 『일다』 편집장님과 대화를 나눈 뒤로는 사람을 지칭할 때 꼭 필요한 경우가 아니면 성별을 따로 언급하지 않으려고 노력한다. 또 사람을 단순 개체처럼 쓰지 않으려고 하는 편이다. 작품을 접할 때도 일차적으로 보이는 부분 외에 그 안에 담긴 이야기와 맥락을 읽기 위해 애쓴다. 당연히 누군가를 깎아내리는 문장은 피한다. 그리고 내가 어느 매체에 글을 쓰든 페미니즘을 담아내기 위해 노력한다. 직업 자체가 글을 쓰는 일이니 일종의 생활운동일 수도 있다. 여성주의적 글쓰기를 실천하는 것은 내 평생의 과제다.

팝 페미니즘에 관해 쓰다 보니 왜 하필 가요가 아닌 팝 음악이냐고 말하는 사람들을 만나기도 한다. 짧게 답하자면, 내 성향이 반영되어 있기 때문이다. 싫어하는 것과 좋지 않은 작품에 많은 에너지를 쏟고 싶지 않다. 이는 글을 처음 쓸 때부터 지금까지 지켜낸 점이다. 또한 팝 음악시장은 지속적으로 생동감 있는 모습을 보여주면서 페미니즘과 좀더 긴밀하게 연결되어왔다.

모든 팝 음악가를 활동가라고 보긴 어렵지만 꾸준히 페미니즘 논의를 재생산하고, 기존의 논의를 존중하는 동시에 깨뜨려 한 단계 더 나아간 작업을 보여준 이들이 있다. 그래서 나는 팝 페미니즘을 좋아한다. 특히 팝 페미니즘의 세대교체가 꾸준하게 이뤄지고 있다. 마돈나Madonna와 신디 로퍼Cyndi Lauper의 세대를 지나왔고 지금은 레이디 가가Lady Gaga를 넘어 그다음 세대로 향하고 있다. 즉 기존에 마돈나와 레이디 가가가 만들어낸 페미니즘 논의를 존중하면서도 그걸 넘어서려고 시도하는 것이다. 막연히 계승되거나 기성 논의에 무조건 저항하는 것이 아니다. 앞선 행동과 역사를 존중하는 동시에 그걸 깨는 것이다. 또한 팝 페미니즘은 여성의 임파워링empowering, 힘 모으기에 관한 앤섬anthem, 성가, 폭력, 퀴어Queer, 성소수자들을 아울러 칭하는 용어 등 다양한 분야를 조명하고 있다. 그게 내가 팝 페미니즘을 이야기하는 이유이기도 하다.

나는 팝 음악과 페미니즘의 관계에 관해 오래 전부터 이야기했다. 각각의 작품에 담긴 페미니즘의 의미를 찾아내는 작업을 했으며 앞으로도 꾸준히 할 것이다. 나는 여전히 팝 페미니즘에 관해 이야기하는 게 의미 있다고 생각한다. 수많은 이야기를 꺼내 많은 사람에게 새로운 동기를 부여해주고 좋은 선례를 남기고 싶다. 앞으로도 팝 음악에 관한 이야기를 계속할 것이다. 내 글만이 아니라 여성주의에 관한 자료와 글이 불특정 다수에게 더 많은 사랑을 받았으면 한다. 한 발 더 나아가 메인스트림mainstream, 주류 팝 음악과 페미니즘의 관계를 얘기하면서 우리가 일상에서 그리고 대중문화 속에서 페미니즘을 드러내고 실천할 수 있는 가능성을 찾는 계기가 되길 바란다. 이는 팝 페미니즘의 개념을 나름대로 정의하는 과정이 될 것이다.

이 책이 나오기까지 『일다』에 많은 도움을 받았다. 나는 『일다』에 2013년 6월부터 지금까지 칼럼을 쓰고 있다. 이 책에 담긴 내용은 대부분 해당 매체에 썼던 것을 재구성하고 보충한 것이다. 또한 이 책이 나오기까지 많은 과정을 도와준 김광연 편집자과 김대일 편집자에게 감사한 마음을 전한다. 2019년 한국에서 고군분투하고 있는 수많은 여성단체와 활동가 그리고 생활의 영역에서 페미니즘을 외치고 또 이야기하는 사람들을 응원한다. 이 책은 그런 분들께 좋은 휴식을, 괜찮은 즐길 거리를 제공했으면 한다.

2019년 2월
박준우

노래하는 페미니즘

팝 음악과 페미니즘, 팝 페미니즘에 관해 쓰는 이유 | 책머리에 7
팝 음악과 페미니즘을 연결하다 | 머리말 13

1   재즈와 페미니즘, 여성 연주자에 관한 이야기 17

2   고통받는 흑인들의 슬픔을 담은 목소리 25

3   1960년대, 대중음악이 만들어지는 시기 속 팝 페미니즘 31

4   오노 요코, '존 레넌의 연인'을 넘어서 39

5   1980년대를 뒤흔든 두 음악가, 마돈나와 신디 로퍼 45

6   자넷 잭슨, 최초의 블랙 팝 페미니스트 53

7   Girls Can Do Anything을 먼저 외친 샤니아 트웨인 59

8   디바라는 화려한 이름보다는 '있는 그대로의 나'를 65

9   있는 그대로의 나를 말하는 음악가들 71

10 빅걸들과 함께한 미카 85

11 외롭지 않게 힘을 모으자 91

12 이별의 모습으로 보는 페미니즘 97

13 다른 관계에 관한 목소리 107

14 큰 파장을 일으켰던 흑인 음악가의 커밍아웃 117

15 그들이 당신의 일부이기 때문에 싫어하는가 123

16   힙합이 다 '그런' 것만은 아니다 127

17   공권력의 폭력, 저항하는 음악 135

18   힙합이 여성을 소비하는 방식을 꼬집은 래퍼 147

19   같은 사랑이야 그리고 같은 힙합이야 155

20   실패를 노래하다 161

21   제노포비아가 사라진 사회를 꿈꾸는 음악가 169

22   어느 난민 출신 음악가의 외침 175

23   비욘세, 새로운 시대의 페미니즘 아이콘 181

24   두려움을 뛰어넘어 자유를 선택하라 191

25   자넬 모네의 음악적 역량 199

26   팝 음악과 페미니즘 그리고 21세기의 브랜딩 207

27   기대를 깨는 여성이 성공한다 215

28   60주년 그래미 어워드를 빛낸 순간 223

29   새로운 페미니스트 음악가의 탄생 231

30   페미니즘 펑크, 푸시 라이엇 237

31   동성결혼 법제화를 지지한 타이완의 팝 스타들 243

음악평론에서 페미니즘 제기하기 | 맺는말 251
찾아보기 255

팝 음악과 페미니즘을 연결하다

· 머리말

시간이 지날수록 주체로서의 여성과 여성에 관한 이야기를 담아내는 작품은 여러 장르에 걸쳐 늘어나고 있다. 그런 작품을 지지하는 움직임도 커졌다. 단순히 여성주의적인 의미만 지닌 게 아니라 작품의 장르적 완성도 함께 높아지고 있다. 가령 2016년 많은 매체가 최고의 앨범으로 뽑은 작품은 여성 음악가 비욘세[Beyoncé]의 『Lemonade』, 솔란지[Solange]의 『A Seat at the Table』이었다. 트랜스젠더 음악가 아노니[ANOHNI]의 『Hopelessness』 역시 많은 매체가 그해의 앨범으로 꼽았다. 단순히 여성주의적 의미만 지니고 있었다면 복수의 매체가 나란히 명반으로 꼽는 일은 없었을 것이다. 2017년 역시 시저[SZA]의 『CTRL』, 켈라니[Kehlani]의 『SweetSexySavage』가 페미니즘을 이야기할 수 있는 앨범이라는 평가를 받으며 대중과 평단의 사랑을 고루 받았다.

과거에는 유명한 음악가 가운데 소수만이 여성인권을 지지하는 목소리를 냈던 것과 달리, 이제는 함께 연대하고 행동하는 풍경을 많이 찾아볼 수 있게 되었다. 2017년 1월 21일 워싱턴 DC에서 열렸던 '여성행진'Women's March 행사만 해도 알리샤 키스Alicia Keys, 자넬 모네Janelle Monae, 마돈나, 비욘세는 물론 맥스웰Maxwell, 존 레전드John Legend가 함께했다. 지금까지 꾸준히 여성 주체로서 목소리를 내온 테일러 스위프트Taylor Swift, 세인트 빈센트St. Vincent, 핑크P!nk, 마일리 사이러스Miley Cyrus도 참여했다. 빅 숀Big Sean, 안드레 3000Andre 3000 같은 래퍼부터 시애라Ciara, 아리아나 그란데Ariana Grande 등 팝스타도 함께했다. 2018년에는 연대하는 음악가의 수가 더욱 많아졌다. 특히 그래미 어워드GRAMY AWARDS에서 자신이 성폭행 피해자임을 공개한 케샤Kesha를 지지해준 수많은 여성 음악가의 연대, 특히 SNS에서 #MeToo, #WithYou, #TimesUp 등의 해시태그를 걸며 응원의 목소리를 높인 움직임은 큰 의미가 있었다. 여성이 목소리를 내는 것이 '당연하지 않았던' 분위기에서 이제는 어느 정도 자연스러워진 단계까지 온 것이 아닐까 하고 조심스럽게 생각해본다.

라나 델 레이Lana Del Rey의 「Fucked My Way Up To The Top」와 아델Adele의 "나는 잡지 모델처럼 되고 싶지 않다"라는 발언은 음악 산업 내 남성중심 구조를 드러냈다. 이제 자신을 페미니스트라고 말하는 팝 음악가들도 많아졌다. 물론 유명한 이들만 이러한 이야기를 꺼내는 것은 아니다. 해일리 스타인펠드Hailee Steinfeld의 「Love Myself」, 피프스 하모니Fifth Harmony의 「That's My Girl」 등 신인이나 인기를 얻기 시작한 가수의 작품 중에서도 여성의 임파워링empowering, 힘 모으기을 외치는 것이 많다. 메간 트레이너Meghan Trainor의 「No」는 여성이 '아니오'라고 한 건 정말 말 그대로 '아니오'라는 것을 이야기함으로써 대중에게 많은 사랑을 받았다.

나는 이러한 작품을 생활 가까이에서 즐기는 것도 중요하지만, 그러한 작품이 만들어내는 힘과 효과를 다루는 것도 중요하다고 생각한다. 팝 음악은 이만큼 페미니즘과 가까워졌으며 그것도 오랜 시간에 걸쳐서 이뤄진 것이다. 하지만 많은 사람이 마돈나를 '놀랍고 흥미로운 무언가'로 확대해석하는 동안, 레이디 가가를 '급진적이고 특이한 사람'으로 논의하는 동안 안타깝게도 페미니즘은 중요하게 다뤄지지 못하고 기존의 여러 논의 속에서 소비되었다. 나중에 '마돈나 페미니즘'이라는 개념과 『가가 페미니즘』*Gaga Feminism*이라는 책에 관해 이야기할 테지만 우리는 좀더 즐겁게, 또 우리 것으로 마돈나와 레이디 가가를 즐기고 인용해야 한다. 우리는 어떤 방식으로 작품이 발표 되었건 간에 그 작품을 전복적으로 해석하고 향유할 수 있다. 우리의 방식대로 작품을 즐기는 것이다. 그렇게 하다 보면 재미있고 불편함 없이 즐길 수 있는 작품이 늘어나고, 현재 발표되는 작품에 적극적으로 목소리 내게 될 것이다. 앞으로 긴 시간에 걸쳐 팝 페미니즘에 관한 논의를 진행하고자 한다. 팝 음악이 생겨난 이후 여성 음악가는 어떤 의미를 지녔는지 그리고 어떤 모습으로 재현되었고 또 어떤 이야기를 해왔는지, 나아가 어떤 모습을 상상할 수 있는지까지 이야기할 것이다.

1 재즈와 페미니즘, 여성 연주자에 관한 이야기

팝 페미니즘의 정의

팝 페미니즘이라고 하면 보통 팝 음악 내에서의 페미니즘을 의미하지만, 누군가는 팝과 같은 페미니즘을 팝 페미니즘이라고 하기도 한다. 가끔씩 팝 페미니즘을 언급하는 미국 『허핑턴포스트』*The Huffington Post*의 경우엔 팝 음악 내에서의 페미니즘을 팝 페미니즘이라고 칭한다. 또한 온라인을 중심으로 페미니즘이 이슈가 되면서 페미니즘이 팝 음악이나 팝 문화처럼 소비되자 이러한 현상을 '파퓰러 페미니즘'popular feminism이라고 말하는 경우도 종종 있다. 아직 논의가 시작되는 단계이기 때문에 뚜렷하게 정리된 바는 없다. 나는 전자와 후자의 의미를 모두 아우르는 것이 팝 페미니즘이라고 생각한다. 팝 음악에서 페미니즘이 드러나는 순간을 통해 페미니즘은 더욱 자연스럽게 대중의 일상으로 접근할 수 있게 되었으니까 말이다.

재즈와 페미니즘

팝 페미니즘이 대중음악에서의 페미니즘을 이야기하는 것이라면 이제 대중음악의 시작이 언제인지 이야기해야 한다. 대중음악의 역사를 이야기할 때 누군가는 18세기부터 시작됐다고 하고, 누군가는 20세기 초 음반이 생겨나고 라디오가 보급되면서부터 시작됐다고 한다. 학자마다 조금씩 주장하는 바가 다르지만 내가 이야기하고 싶은 시대는 그 중간에 걸쳐 있다. 그러면서도 현재의 이야기이기도 하다. 바로 재즈와 페미니즘에 관한 이야기다.

결론부터 이야기하면 재즈와 페미니즘의 상관관계는 결국 재즈와 성차별에 관한 이야기로 정리된다. 여전히 남성 연주자 수에 비하면 여성 연주자 수는 턱없이 적다. 보컬 쪽에서는 상대적으로 여성 보컬이 많고 또 강세를 보이지만, 연주자 영역에서는 남성이 압도적으로 많다.

'재즈 시대'라고도 불린 1920년대에 플래퍼^{Flappers}라는 미국 신여성이 등장했다. 재즈에서도 이 시기에 대표적인 여성 보컬이 등장하기 시작했다. 가장 손꼽히는 이는 블루스의 여제 베시 스미스 Bessie Smith, 1894-1937다. 재즈가 대중화되고 성별에 따른 사회적 역할의 구분이 변하던 시점이 바로 '재즈 시대'였다. 여성 재즈 보컬은 이런 배경에서 탄생할 수 있었다. 당시에도 러비 오스틴$^{Lovie Austin,}$ $_{1887-1972}$이라는 피아노 연주자이자 밴드의 리더가 있었지만 여전히 여성 연주자는 찾아보기 어려운 것이 현실이었다. 아무래도 연주는 보컬에 비해 전문적인 교육이 필요하다는 인식이 커 주로 남성에게 맡겼고, 제2차 세계대전 당시 위문 공연이 생기면서 프론트맨 Front Man 으로 여성을 세웠기 때문이라는 설이 있다. 무엇보다 재즈

신scene이 일찌감치 형성해놓은 분위기를 빼놓을 수 없다. 재즈는 거친 음악이라는 이미지와 담배, 술, 약물이 만연하던 재즈 음악가들의 환경이 여성에게 진입장벽으로 작용했다는 것이다. 아직도 재즈 연주자들이 마약과 술 그리고 담배를 즐긴다는 얘기는 아니지만, 재즈 음악을 둘러싼 분위기가 남성중심이라는 지적은 지금도 유효하다.

남성중심사회에 반기를 든 '페미니스트 임프로바이징 그룹'

뛰어난 실력을 지닌 여성 음악가들은 비록 소수지만 꾸준히 등장했고, 오랜 시간 이름을 알린 이도 있다. '페미니스트 임프로바이징 그룹'Feminist Improvising Group, FIG이 대표적이다. 1960년대는 프리 재즈 무브먼트를 통해 아방가르드 재즈와 프리 재즈가 하나의 양식으로 발전했다. 1970년대에는 록과 재즈의 결합인 퓨전 재즈가 주류가 되었다. 이런 시절에 지금도 뛰어난 보컬로 손꼽히는 매기 니콜스Maggie Nicols와 바순 연주자 린지 쿠퍼Lindsay Cooper가 의기투합해 만든 그룹이 FIG다. 매기 니콜스는 곡예에 가까운 화려한 보컬 퍼포먼스로 유명하고, 린지 쿠퍼는 재즈와 록을 결합하며 다양한 실험을 선보인 연주자다. 남성중심 사회에 도전장을 던졌던 이 그룹은 평단의 좋은 반응을 끌어내지는 못했으나, 일찌감치 퀴어에 대한 차별을 반대하는 작업과 앞선 퍼포먼스로 음악 팬들에게는 좋은 평가를 받았다. 이들은 1977년부터 활동을 시작했고, 적극적으로 페미니즘의 메시지를 전달했다.

1980년 독일 함부르크를 방문한 FIG.
왼쪽부터 매기 니콜스, 린지 쿠퍼, 재즈 피아니스트
이레네 슈바이처(Irene Schweizer)다.
1977년부터 활동을 시작한 FIG는
적극적으로 페미니즘의 메시지를 전했다.

프리 재즈와 아방가르드 재즈는 템포가 빠른 비밥bebop부터 느리고 차분한 쿨 재즈 그리고 대중적인 색채를 가미한 소울 재즈까지 기존 음악들이 완성해온 문법에서 벗어난 퍼포먼스를 선보였다. 형식을 거부한 것이 형식이었다. 워낙 연주가 어렵고 듣는 이도 그 감흥을 따라가기가 어려워 다수의 사랑을 받지는 못했다. 하지만 그 장르만의 가치와 매력이 분명히 존재한다. 이런 맥락 속에서 FIG는 음악적으로 프리 재즈와 아방가르드 재즈의 발전에 좋은 역할을 했다. 당시 유행했던 퓨전 재즈와는 반대편에 있었지만 명맥이 끊어져가는 사조를 부활시켰다는 점에서도 나름 의미가 있다. 동시에 기존 재즈 음악가들과는 다르게 사회현상을 적극적으로 이야기했고 성차별과 성적 지향에 대한 차별에 반대했다. 이들은 남성중심의 재즈 음악 신에 반기를 들었다. 때문에 극찬 아니면 혹평이라는 극단적인 반응을 얻었지만, 음악적·사회적으로 상상력의 폭을 넓혔다는 점에서 FIG는 자신들의 메시지를 음악으로 실천한 셈이다. 어쩌면 이들이 연주한 음악은 기존에 견고하게 만들어진 남성의 언어에서 비로소 해방된 여성의 언어가 아니었을까.

재즈 음악 속의 남성성

여성 연주자들이 연대하기 위해 만들었던 밴드와 음악적 시도는 재즈 신에서 계속 등장하고 있다. 최근 재즈 음악시장에서 많은 사랑을 받는 브리아 스콘버그Bria Skonberg는 2000년대 중반에 여성으로만 구성된 '마이티 애프로다이티'Mighty Aphrodite라는 앙상블을 공동으로 운영하기도 했다. 그러나 재즈는 여전히 남성의 언어로 읽힌다. 가장 대표적인 것이 「위플래쉬」Whiplash 와 「라라랜드」La La Land 다. 「위플래쉬」의 경우 재즈 음악시장에 내재된 폭력적인 남성의 언어를 극대화했으며, 「라라랜드」 역시 시장 속 가부장제가 어떤 식으로 작동하는지 잘 보여준다. 이 두 영화는 '재즈 음악을 하는 남성'에 관한 고정된 이미지 역시 잘 드러낸다. 최근에는 니나 시몬Nina Simone, 1933-2003 의 전기를 그린 영화 「니나」Nina 를 비롯해 여러 여성 재즈 음악가를 조명하는 영화가 나오고 있지만, 이미 수많은 재즈 관련 영화가 그러하듯 남성의 언어가 큰 여과 없이 등장한다. 약물, 욕설, 퇴폐적인 환경을 따라가다 보면 재즈 음악시장 속 가부장적인 분위기가 어떻게 유지되었는지를 알 수 있다.

더 많은 여성 재즈 연주자를 호명하기

21세기에 들어와 여성 연주자는 확실히 많아졌지만, 여전히 실력이 아닌 여성이라는 성별로 평가된다. 과거와 다르게 여성이라는 이유만으로 저평가되지는 않지만 음악가의 정체성을 규정하는 데 성별이 꼬리표처럼 따라다니는 것은 가부장적인 현실의 한계다. 특히 과거의 음악을 조명할 때, 여성 음악가가 분명 존재했는데도 종종 기록과 평가가 사라진다. 재즈 역사에 관한 수많은 저서에서 여성 음악가, 특히 여성 연주자에 관한 기록이 담긴 문단을 찾기는 어렵다. 미국의 공영라디오방송 NPR을 비롯해 여러 매체가 이러한 성차별적 현실을 개선하기 위해 나름의 노력을 하고 있

지만, 여전히 작은 흐름이다. 앞으로 좀더 많은 여성 재즈 연주자
가 등장하도록 음악 팬들이 더욱 많은 관심을 보였으면 하는 바람
이다.

빌리 홀리데이의 「Strange Fruit」

아주 오래된 작품 하나를 소개하고자 한다. 아직까지 흑인사회에서 회자되는 작품으로 그 의미가 여전히 유효하다. 최근 칸예 웨스트[Kanye West], 루페 피아스코[Lupe Fiasco] 등 유명한 음악가가 이 작품을 다시 호명하고 있다. 인종차별을 전면에 다루고 있기도 하지만, 음악인이 어떻게 음악으로 말하는지를 언급할 때도 꼭 포함되는 작품 가운데 하나다.

「Strange Fruit」, 즉 이상한 열매다. 더 정확히 이야기하면 나무에 매달려 있는 두 흑인남성의 시체다. 백인 자경단원이 흑인에게 린치를 가한 후 나무에 매달아놓은 모습을 어느 사진작가가 찍어 세상에 알렸고, 이를 본 고등학교 교사이자 시인인 백인계 유대인 아벨 미로폴[Abel Meeropol, 1903-86]이 시를 지었다. 이후 이 시는 빌리 홀리데이[Billie Holiday, 1915-59]라는 훌륭한 가수를 만나 음악으로 다시 태어난다.

빌리 홀리데이는 1939년 이 작품을 처음으로 공연하고 녹음했다.

당시 그의 프로듀서는 물론이고 메이저 레이블에서도 이 작품을 발표하는 것에 두려움을 느꼈다. 이 때문에 작은 규모의 레이블이었던 코모도 레코드가 작품을 발매했다. 모두의 우려와 달리 이 작품은 100만 장이 팔리며 빌리 홀리데이에게 최고 판매 기록을 선물한다. 많은 사람이 그의 목소리가 실린 작품에 감동했던 것이다.

당시 주류를 이루던 문법에서 벗어난 실험적인 음악이었던 얼터너티브 재즈Alternative Jazz를 주로 다룬 코모도 레코드는 다른 사람들이 쉽게 시도하지 못한 일에 도전해 좋은 결과를 이끌어냈다. 깊은 호소력을 지닌 간소한 반주 그리고 실험적인 음악이었던 한 편의 시를 쭉 늘어놓은 가사가 많은 사람의 마음을 울리며 빌리 홀리데이의 히트송 가운데 하나를 만들었다. 그는 이 작품을 자주 공연했으며, 이 작품을 부를 때면 늘 단출한 조명과 정적에 가까운 분위기로 작품이 지닌 정서를 깊이 있게 표현했다.

빌리 홀리데이의 목소리가 드러내는 의지

당시 미국사회의 인종차별은 잔혹했다. 피부색이 다르다는 이유만으로 살해당하고 갖은 모욕과 폭력을 겪어야 했다. 남북전쟁과 노예해방을 거친 후에도 '인종 분리'라는 관습이 사회 어느 곳에서나 지속되었다. 특히 'KKK'Ku Klux Klan라 불린 백인우월주의 폭력집단이 다시 활개 치면서, 유색인종을 상대로 한 린치와 구타 그리고 방화 등의 테러가 자행됐다. 빌리 홀리데이 역시 그러한 차별을 비참하게 겪으며 살아왔다는 점에 주목해야 한다.

1947년 뉴욕에서 공연 중인 빌리 홀리데이.
빌리 홀리데이의 「Strange Fruit」는
굉장히 민감한 내용을 담았으나
100만 장을 팔며 많은 사람을 감동하게 한다.

빌리 홀리데이는 미국 최고의 재즈 음악가 가운데 한 명으로 미국 음악사에서 가장 영향력 있는 보컬로 평가받는다. 활동할 때에도, 또는 사후에도 음악인들에게 많은 영향을 미쳤다. 그는 기존의 음악처럼 음표대로 정직하게 부르지 않았다. 빌리 홀리데이는 때로는 울분을 담아내다가도 차분하게 넘기는 방식으로 강약을 조절했다. 억양뿐 아니라 특유의 리듬감으로 템포를 조절했고, 현재의 블루스, 알앤비, 재즈 보컬들이 사용하는 기술의 토대를 만들었다.

오늘날 많은 사람이 「Strange Fruit」을 다시 부르고 있다. 음악 외에도 안무 같은 다른 형태의 예술로 재현되고 있다. 이 작품은 저항 의지를 담은 직설적이고 거친 표현으로 슬픈 현실을 그대로 드러낸다.

인종차별은 여전히 존재한다. 이 작품에 관해 이야기하는 사람도 많고 빌리 홀리데이에 관한 자료도 충분히 있다. 다만 빌리 홀리데이의 목소리를 직접 담은 자료는 찾기 힘들다. 당사자의 이야기에 깊이 귀 기울이지 않고 그를 평가하는 것이다. 역설적이게도 「Strange Fruit」라는 작품을 이야기할 때, 빌리 홀리데이는 부재한다. 아쉬움이 많이 남는다. 많은 사람이 이 작품을 들으며 다양한 생각을 해보면 좋겠다. 「Strange Fruit」는 인종차별에 관한 작품이면서도, 누가 부르느냐에 따라 화자의 생각과 이야기가 실리는 작품이다. 대부분 사람이 이 작품의 '의미'에만 주목했지만, 이 작품을 가로지르는 '맥락'을 볼 필요가 있다.

남부의 나무는 이상한 열매를 맺네
피가 잎 위에 묻어 있고 뿌리에 고여 있어
검은 몸뚱아리들은 남쪽 바람에 흔들거리네
이상한 열매가 포플러나무에 매달려 있네
아름다운 남부의 전원 풍경
튀어나온 눈과 뒤틀린 입
매그놀리아의 향기, 달콤함과 신선함
그러더니 갑작스러운 살점이 타는 냄새
여기에 까마귀가 뜯어 먹을 열매가 있네
비가 거둘, 바람이 삼킬,
태양이 썩힐, 나무가 떨어뜨릴,
여기에 이상하고 쓰라린 열매가 있네

♪ Billie Holiday, 「Strange Fruit」 중에서

3 1960년대, 대중음악이 만들어지는 시기 속 팝 페미니즘

우리가 지금 이야기하는 팝 음악이 시작된 건 1950년대 정도다. 1948년에 흔히 '바이닐'이라 부르는 LP 판이 만들어졌고, 재즈 음악과 블루스는 물론 로큰롤이 등장한 게 1950년대이기 때문이다. 이후 팝 음악은 1960년대를 거치며 비틀스^{The Beatles}의 등장과 함께 지금의 모습을 갖추게 되었다. 이러한 소용돌이 속에서도 팝 음악에 '여성'의 목소리는 존재해왔다. 그중 유명한 작품 그리고 좋은 작품으로 네 작품을 꼽았다.

레슬리 고어의 「You Don't Own Me」

레슬리 고어^{Lesley Gore, 1946-2015}는 1960년대 많은 인기를 누렸던 가수다. 데뷔 앨범인 『I'll Cry If I Want To』에 수록된 첫 싱글 「It's My Party」와 후속곡 「Judy's Turn to Cry」는 특히 많은 사랑을 받았다. 지금 소개하는 작품 「You Don't Own Me」¹⁹⁶³는 그의 커리어에서 두 번째로 성공한 작품이다. 이 작품은 그래미 어워드 명예의 전당에도 올랐다.

「You Don't Own Me」는 당시 진행되던 페미니즘 제2물결과 맞닿아 있다는 평가를 받는다. 제2물결은 1960년대부터 시작된 페미니즘 운동의 흐름이다. "개인적인 것이 정치적인 것이다"라는 슬로건과 함께 진행되었던 이 운동은 공적 영역을 넘어 사적 영역에서의 여성 해방을 추구했다.

레이 찰스^{Ray Charles, 1930-2004}부터 마이클 잭슨^{Michael Jackson, 1958-2009}까지 오랜 시간 전설 같은 가수들과 함께하며 많은 팝-알앤비 히트곡을 만든 퀸시 존스^{Quincy Jones}가 프로듀싱한 이 작품은 비틀스의 아성을 넘기지는 못했지만 빌보드 차트 2위에 올랐다. 「You Don't Own Me」, 즉 '넌 날 소유할 수 없어'라는 제목에서 알 수 있듯이 메시지가 굉장히 뚜렷하다. "나는 장난감이 아니다"라는 가사로 시작해, "날 전시하지 마"라고 이야기하면서, 남성에게 대상화되거나 타자화되는 것을 거부한다. 여성은 그 자체로 주체적인 존재이고 남성과 관계를 맺을 때도 그렇다는 사실을 명백히 밝힌 이 작품은 비평과 흥행의 두 마리 토끼를 모두 잡았다는 점에서도 의미가 있다. 지금도 메시지와 작품성 중 어느 하나 놓치는 경우가 허다한데, 1960년대 초반에 이렇게 좋은 작품이 발표되고 많은 사람이 접할 수 있었다는 것 자체가 즐거운 일이다.

니나 시몬의 「Four Women」

니나 시몬은 미국 음악사 전체를 통틀어 가장 위대한 인물 가운데 한 명이다. 수많은 명곡을 발표한 것은 물론, 흑인여성의 인권을 위해 힘쓴 사람이다. 흑인인권운동에 중요한 인물이었던 니나 시몬은 음악으로도 자신의 목소리를 드러냈는데, 가장 큰 예는 「Mississippi Goddam」이다. 이 작품은 당시 남부 지역의 인종차별과 흑인 살해 사건을 비난한다. 시대가 시대였던 만큼 그는 숱한 인종차별을 직접 경험했다. 그는 간절히 원했던 커티스 음악원 입학을 위해 시험도 봤지만 흑인이라는 이유로 불합격했다. 이 경험은 그가 겪은 대표적인 인종차별이었다. 재즈뿐 아니라 팝, 블루스 등 다양한 장르를 버무려 곡을 쓴 니나 시몬은 일찌감치 큰 성공을 거두었지만 인종차별로 끊임없이 상처 받아야 했고, 그러한 아픔은 작품으로 승화되었다.

1966년에 발표한 「Four Women」은 네 여성의 삶을 이야기한다. 모두 흑인인 이들의 모습은 당시 미국의 현실을 반영한다. 첫 번째 여성 'Aunt Sarah'는 미국에 노예로 팔려 온 사람이다. 두 번째 여성 'Saffronia'는 흑인여성과 백인남성 사이에서 태어난 사람이다. 세 번째 여성 'Sweet Thing'은 성적으로 대상화된 여성이고 마지막 여성 'Peaches'는 사회환경과 부모에게 억압받아 고난과 역경을 겪는 존재다. 니나 시몬은 마지막 여성이 등장할 때, 즉 작품의 끝을 극적으로 풀어내며 작품의 서사를 더욱 강렬하게 표현한다. 당시 비평가들은 이 작품의 후반부를 '충격적'이라고 평가했으며, 후에 래퍼 제이지JAY-Z가 자신의 작품 「The Story of O.J.」에 곡의 일부를 차용하기도 했다. 제이지는 자신의 작품에서 21세기 들어 다양한 흑인의 삶이 드러나고 이른바 '성공한 흑인'이 등장해 흑인인권이 신장

1982년 프랑스 모를레에서 공연 중인 니나 시몬.
니나 시몬은 미국 음악사 전체를 통틀어
가장 위대한 인물 중 한 명이다.
수많은 명곡을 발표한 것은 물론이고,
흑인여성의 인권을 위해 힘썼다.

된 듯하지만 백인에게 타자화된 채 규정되는 흑인이라는 정체성은
바뀌지 않으며, 양극화 등 인종에 관한 사회적 문제는 여전하다는
것을 고발했다.

돌리 파튼의 「Just Because I'm a Woman」

컨트리 가수이자 배우이기도 한 돌리 파튼^{Dolly Parton}이 1968년 발
표한 「Just Because I'm a Woman」은 동명의 앨범 수록곡이다. 이 작
품은 돌리 파튼이 직접 작사했으며 착한 여성/나쁜 여성 프레임을
비판한다. 사회의 성녀/창녀 이분법을 비판적으로 이야기하는 동시
에, 단지 여성이라는 이유로 그러한 시선을 받는다는 사실을 알게
해주는 이 작품은 컨트리 음악 차트의 상위권에 오르기도 했다. 실
제 본인의 경험을 참조해 작사했다고 한다. 돌리 파튼은 자신이 얼
마나 성적 대상화의 존재였는지를 누구보다 잘 알고 있었다.

이 앨범은 1995년에 재발매되었고, 2003년에는 재녹음해 발
매되기도 했다. 사실 돌리 파튼의 존재 자체가 혁명이었다. 남성
중심의 컨트리 음악 세계에서 당당하게 이름을 알린 것은 물론이
고, 팝-컨트리 음악으로 큰 성공을 거두었기 때문이다. 돌리 파튼
이 있었기에 지금의 샤니아 트웨인^{Shania Twain}, 캐리 언더우드<sup>Carrie
Underwood</sup>, 테일러 스위프트 등 유명한 팝-컨트리 가수가 있는 것
아닐까.

돌리 파튼이 판매량만으로 존경받는 것은 아니다. 그는 '여성'이
라는 정체성을 인지하고 있었으며, 자신이 대중에게 어떤 이미지로

비춰지는지 잘 알고 있었다. 오죽하면 데뷔 앨범 첫 싱글이 「Dumb Blondie」, 즉 '멍청한 금발'이었을까. 그는 금발의 백인여성을 바라보는 사람들의 시선, 또 자기 자신의 고정관념을 잘 파악하고 있었다. 돌리 파튼은 1981년에 「9 to 5」라는 작품^{동명의 코미디 영화의 주제곡}을 발표했는데, 이 작품은 크게 성공한 동시에 일하는 여성들의 성가가 되었다.

헬렌 레디의 「I Am Woman」

마지막으로 소개할 작품은 호주 출신의 가수 헬렌 레디^{Helen Reddy}의 「I Am Woman」이다. 이 작품은 페미니즘 제2물결에 정말 중요한 작품이다. 작품의 존재 자체가 일종의 기폭제 역할을 했다. 이 작품은 두 가지 버전이 있는데, 하나는 1971년의 데뷔 앨범 『I Don't Know How to Love Him』에 수록된 버전이며 다른 하나는 『I Am Woman』에 수록된 버전이다. 두 번째 버전은 평단의 평가와 판매에서 큰 성공을 거뒀다. 100만 장이 넘게 팔렸고 세간에 이슈가 되었으며 그래미 어워드에서 상을 받기도 했다. 예술성과 상업성이 모두 뛰어나다고 평가받은 「I Am Woman」은 여성이기 때문에 느끼는 것 그리고 여성이라서 받는 부당한 대우에 관해 이야기하며, 강하게 이겨내겠다는 의지를 드러낸다.

헬렌 레디의 「I Am Woman」은 제2물결에 관한 여러 책에도 실리는 등 사회적으로 많은 영향을 미쳤다. 하지만 정작 본인은 이만큼의 영향력이 생길 줄 몰랐다고 한다. 그는 여성이 과소평가당하는 것이 싫었으며 자신이 경험한 것을 떠올리면서 모든 가사를 직접 썼다고 밝혔다. 작곡을 한 레이 버튼^{Ray Burton}도 자신은 가사에 손대지 않았다고 말한 바 있다.

4 오노 요코, '존 레넌의 연인'을 넘어서

존 레넌과 오노 요코가 남긴 메시지

1970년 비틀스 해체 이후, 존 레넌^{John Lennon, 1940-80}은 파트너였던 오노 요코^{Yoko Ono}와 함께 음악 활동을 계속했다(두 사람은 비틀스 시절부터 함께 작품을 만들었다). 사회적으로 많은 논란을 낳은 작품 「Woman Is The Nigger Of The World」 「Sisters, O Sisters」가 수록된 『Some Time in New York City』는 비틀스 해체 후 존 레넌이 발매한 세 번째 정규 앨범이다.

비틀스는 설명이 필요 없을 정도로 세계적인 밴드다. 영국에서 활동을 시작한 비틀스가 미국 전역에서 폭발적인 인기를 누리자 사람들이 '브리티시 인베이전'^{British Invasion, 영국의 침공}이라고 부를 만큼 비틀스의 성공은 하나의 현상이었다. 나아가 세계적으로 굉장한 팬덤^{fandom}을 낳기도 했다. 비틀스는 한국인도 잘 아는 「Let It Be」 「Hey Jude」 같은 명곡도 남겼지만 동시에 새로운 장르를 개척하는 등 음악적인 모험도 강행했다. 비틀스가 오랜 세월 사랑받는 데는 이런 이유가 있다.

비틀스 멤버들은 각자 개성이 분명해 결국 해체의 길을 걸었다. 특히 존 레넌은 자신만의 음악 세계를 만들어가는 중에 오노 요코를 만나 멤버들과는 다른 방향으로 나아갔다. 그는 「Imagine」으로 세계적으로 사랑받는 음악가(오노 요코는 「Imagine」이 나온 지 48년만인 2017년 6월, 이 곡의 공동 작사, 작곡가임을 인정받았다)가 되었지만, 안정적인 길을 택하지 않았다. 오히려 이때부터 베트남전에 반대하며 세계 평화를 위한 정치적 화두를 과감하게 던지기 시작했다.

「Woman Is The Nigger Of The World」를 직역하면 '여자는 세상의 깜둥이'다. 제목만큼이나 곡 자체도 존 레넌이 남긴 가장 파격적인 작품 가운데 하나로 평가받으며 사회에 큰 파장을 일으켰다. 제목부터 강렬한 이 작품이 나온 해가 1972년임을 고려하면, 당시 사람들이 느꼈을 충격은 지금보다 더욱 컸을 것이다. 가사의 일부는 오노 요코가 1960년대 말에 이미 썼던 것으로 여성의 사회적 지위를 이야기한다. 존 레넌과 오노 요코는 이 작품에 흑인을 비하하는 단어Nigger를 쓴 것이 결코 그들을 비하하기 위해서가 아니라고 설명했다. 또한 작품에서 이야기하는 흑인이 말 그대로 흑인만을 이야기하는 것도 아니라고 말한 바 있다. 이 작품은 당시 사회에 존재하던 두 계급, 즉 여성과 흑인을 동시에 언급해 많은 사회적 논란을 낳았다. 이중으로 화제가 된 셈이다. 함께 선보인 작품 「Sisters, O Sisters」 역시 여성이 억압당하는 현실을 고발하면서 '자매들이어 일어서자'라는 페미니즘 메시지를 명확하게 던지고 있다.

당시 비틀스 팬들은 존 레넌이 오노 요코를 만난 이후에 비틀스

1969년 네덜란드 암스테르담에서 휴식 중인
존 레넌과 오노 요코.
존 레넌과 오노 요코가 함께 작업한 작품들에는
인종이나 페미니즘에 관한 명확한 메시지가
담겨 있었다.
비틀스의 팬들은 오노 요코 때문에
팀이 해체되었다고 그를 비난했지만
이는 '반아시아적·판페미니즘적' 증오에 불과하다.

가 해체됐기 때문에 그 원인을 오노 요코 탓으로 돌렸다. 오노 요코를 마녀라 부르며 원색적으로 비난하는 이들도 적지 않았다. 이는 오노 요코가 말했듯 '반아시아적이고 반페미니즘적인'증오였다. 정작 오노 요코는 존 레넌이 수시로 바람을 피워 좋은 관계를 유지하지 못했다고 한다. 그러나 두 사람이 만든 작품에는 오노 요코가 의도한 메시지가 뚜렷하게 담겨 있다.

전위 예술가로서의 오노 요코

오노 요코는 1960년대에 세계적으로 유명했던 예술가 집단 플럭서스^{Fluxus}의 일원이었다. 플럭서스에는 백남준$^{1932-2006}$, 존 케이지$^{John\ Cage,\ 1912-92}$도 있었다. 설치 미술, 행위 예술을 선보였던 오노 요코의 작품 가운데 가장 유명한 것은 '조각내기'$^{Cut\ Piece}$다. 오노 요코가 무릎을 꿇고 앉아 있으면 관객들이 가위로 그의 옷을 하나씩 자르는 퍼포먼스다. '조각내기'는 일본과 미국, 영국에서 진행되었고 2003년에 다시 선보였다. 이 퍼포먼스는 성차별에 관한 메시지부터 타자의 개입과 실존하는 개인으로서의 고민까지 담아낸 것으로 평가받고 있으며, 최근에는 학계에서도 페미니즘의 관점으로 분석한다. 자신의 행위와 예술 작업으로 그는 페미니즘과 실존주의를 화두로 던졌다. 당시 「Woman Is The Nigger Of The World」와 「Sisters, O Sisters」 그리고 이 두 작품이 수록된 앨범 『Some Time In New York City』는 평단에서 좋은 평가를 받지 못했다. "저항하는 메시지만 있을 뿐이다"라는 것이 중론이었다. 그러나 이들의 음악이 정말로 메시지에만 주력하느라 음악적 면모를 갖추지 못했는지는 듣는 이마다 조금씩 생각이 다를 듯하다. 존 레넌은 이 작품을 방송뿐 아니라 라이브 공연에서도 여러 차례 선보였다.

오노 요코는 음악으로 남성중심 권력을 비판하고 여성해방을 노래하는 등 페미니즘 메시지를 많이 전했다. 대표적인 작품으로는 1972년 발표한 『Approximately Infinite Universe』의 수록곡인 「Yang Yang」「What A Bastard The World Is」「What A Mess」와 1973년 발표한 앨범 『Feeling the Space』의 수록곡인 「Angry Young Women」「Woman Power」「Men, Men, Men」 등이 있다. 「Yang Yang」은 객체로서의 여성에서 벗어나 혁명, 즉 페미니즘에 동참하자는 내용이며, 「What A Bastard The World Is」는 당시 펼쳤던 권리확장 운동을 직접 언급하며 여성이 겪는 부당함을 일상에 빗대어 표현했다. 이 시기 녹음한 작품으로는 1997년에 발표된 앨범 『A Story』도 있는데, 이 앨범에는 당시 비틀스 팬들에게 들었던 야유와 비난을 언급하는 「Yes, I'm a Witch」도 수록되어 있다. 작품은 "너희들이 이야기하듯 나는 죽여야 하는 마녀가 맞다. 난 당신들이 뭐라고 하든 신경 쓰지 않는다. 내 목소리는 진실이며 당신들을 위해 죽지 않는다"라는 가사로 채워져 있다.

존 레넌의 유명세 때문에 「Woman Is The Nigger Of The World」의 메시지가 사회 전역으로 퍼진 것은 사실이나, 한 명의 주체적인 예술가로서의 오노 요코를 '다시 읽는' 작업이 앞으로 지속적으로 이어졌으면 하는 바람이다.

5 1980년대를 뒤흔든 두 음악가, 마돈나와 신디 로퍼

대명사가 된 마돈나

마돈나는 특별하다. 무대 위에서 여전히 왕성한 성욕을 자랑하고, 30년이 넘는 시간 동안 파격이나 자극이라는 단어가 줄곧 따라붙는다. 데뷔할 때부터 「Like a Virgin」으로 여성의 성욕을 당당하게 드러낸 마돈나는 저급하다는 평가를 들으면서도 대중의 많은 사랑을 받았다. 존재 자체가 하나의 논란이었던 그는 「Like a Prayer」에서 당대의 성적·인종적·종교적 편견을 모두 깨려고 시도했다. 「Vogue」에서는 보깅 댄스를 추며 퀴어 문화를 대중에게 선보이기도 했다.

마돈나는 꾸준히 파격적인 행보를 걸었고, 늘 논란이 되었다. 성녀/창녀 이분법을 거부하는 「Like It Or Not」과 「Survival」을 포함해, 여성이 성적 욕망을 드러내는 것을 금기시하는 사회적 분위기를 비판하는 「Human Nature」라는 작품도 들어볼 만하다.

특히 커리어 초반인 1980년대에 선보인 「Like a Virgin」과 「Like a Prayer」는 거대한 종교 권력에 던지는 도전장이었으며, 온 세상을 향한 도발 그 자체였다. 그는 경찰 공권력, 인종차별, 성차별을 모두 이야기했으며 낙태, 퀴어 등 당시 사회가 회피했던 문제들까지도 정면으로 응시하며 다뤄냈다. 미국 대중문화 내에 이렇다 할 담론 자체가 부재했던 시절 처음으로 화두를 던진 마돈나는 주목받을 수밖에 없었다. 그의 행보와 언행을 연구하거나 생애 전체를 기록하는 이들이 여전히 존재하는 이유다.

마돈나라는 존재 자체가 하나의 신드롬이 되다 보니 이른바 '마돈나 페미니즘'을 이야기하는 사람도 많다. 마돈나는 늘 퀴어 곁에 있었고, 에이즈에 관한 잘못된 인식을 바로잡고자 했으며, 섹스를 금기처럼 여기지 않았다. 1980년대만 해도 지금보다 훨씬 더 보수적이었는데 마돈나는 그러한 편견을 훌쩍 뛰어넘어 급진적인 메시지를 선보였다. 당시에 파격이자 충격이었던 마돈나를 이제는 담백하게 바라볼 수 있지 않을까. 물론 그의 작품 가운데는 여전히 사회적 편견에 부딪히는 것이 많다. 시간이 지나면서 마돈나를 둘러싼 담론이나 해석은 줄었지만, 그가 보여주고 들려준 페미니즘적인 메시지는 뚜렷하게 남아 있다.

자유로운 여성 신디 로퍼

데뷔하자마자 폭발적인 반응을 일으킨 마돈나의 라이벌은 단연 신디 로퍼Cyndi Lauper다. 댄서블danceable한 음악뿐 아니라 파격적인 퍼포먼스와 비주얼 그리고 '자유로운 여성'이라는 캐릭터까지, 마돈나와 신디 로퍼는 더 없이 좋은 비교 대상이다. 두 사람은 1980년대를 대표하는 여성 음악가로 꼽히며, 사람들은 아직도 둘을 비교한다. 그러나 대중에게 더 대단한 사람으로 부각된 건 마돈나였다. 시대가 변해도 늘 현재진행형으로 음악의 트렌드를 흡수하고, 세련된 모습으로 대중 앞에 자신의 음악을 선보였기 때문이다. 신디 로퍼는 그런 마돈나를 '동료'라고 부르며 진한 애정을 표한다. 팝 시장에서 자신을 지켜가며 하고 싶은 말을 하는 것 그리고 그 메시지가 주류의 생각과는 조금 다르다는 것이 이들을 묶어주는 공통점이다.

신디 로퍼가 1983년에 발표한 데뷔 앨범 『She's So unusual』은 빌보드 차트 최초로 네개의 싱글을 5위 안에 올려놓은 앨범이다. 이듬해 신디 로퍼는 그래미 어워드 최고 신인상을 받았다. 지금도 여러 음악 매체에서 미국 음악 역사의 가장 중요한 앨범 가운데 하나로 꼽는다. 이 앨범에는 왁스가 「오빠」로 번안한 「She Bop」을 포함해 "이게 신디 로퍼의 노래였구나!"라고 감탄할 만큼 익숙한 작품들이 수록되어 있다. 그러나 이후 신디 로퍼는 마돈나와 다르게 그 인기가 크게 줄어들었고 점점 존재감이 사라지는 듯했다. 그러나 2003년 작사, 작곡을 맡은 뮤지컬 「킨키 부츠」^{Kinky Boots}를 통해, 뮤지컬계 최고의 시상식인 토니 어워드에서 베스트 음악 작곡상을 받으며 다시 한번 크게 존재감을 알렸다. 신디 로퍼는 이 부문에서 역사상 처음으로 수상한 여성이 되었다.

「킨키 부츠」는 아버지에게 물려받은 구두 공장을 운영하는 찰리가 '드랙 퀸'^{drag queen, 여장 남자} 로라와 파트너십을 맺고 '킨키 부츠'라를 신발을 만들어 폐업 위기의 공장을 구한다는 내용의 뮤지컬이다. 신디 로퍼가 관심을 품고 있는 소재들이 잘 반영된 이 뮤지컬은 영국 노스햄턴에 있는 신발 공장에서 실제로 있었던 일을 각색한 것이다. 뮤지컬 내용 역시 신디 로퍼가 지니고 있는 코드와 유사하다. 공장이라는 공간에서 노동자와 고용주의 관계를 보여주고 있고, 무엇보다 '드랙 퀸' 코드를 사용했기 때문이다. 이 뮤지컬에서 로라의 '천사들'(극에서 퀴어를 천사들이라고 표현한다)은 자신의 정체성을 그대로 드러내는 데 성공하고, 서로가 크게 다르지 않다는 걸 깨닫는다. 과연 신디 로퍼와 어울리는 작품이라고 할 만하다.

「True Colors」 퀴어 활동가 신디 로퍼

마돈나처럼 신디 로퍼 역시 '게이 아이콘'Gay icon, 동성애자 문화에서 사랑받는 디바으로 받아들여졌으며 퀴어인권 운동가로도 활동했다. 그는 1986년 발표한 두 번째 앨범에 수록된 「True Colors」에서 퀴어를 지지했다. 이후 작품의 이름을 딴 투어를 돌며 퀴어인권운동을 펼쳤다. 콘서트 투어와 퀴어인권 운동의 만남이라니, 얘기만 들어도 근사하다. 탄탄한 실력을 지녔기에, 투어는 더욱 힘을 얻을 수 있었다. 이후 신디 로퍼는 퀴어인권 운동가로서 더욱 구체적인 활동을 계획했다. '트루 컬러스'True Colors라는 재단을 설립해 가출한 퀴어 청소년을 위한 쉼터를 운영한 게 대표적이다. 그는 자신의 음악적 커리어를 쌓아가는 동시에 퀴어인권을 위해서도 계속 활동하고 있다.

이처럼 거침 없는 신디 로퍼의 활동 이면에는 숱한 난관이 있었

마돈나(왼쪽)와 신디 로퍼.
마돈나와 신디 로퍼는 모두 팝 음악의 아이콘이자
게이 아이콘이며 퀴어 활동가다.
이들이 보여주고 들려준 페미니즘의 메시지는
여전히 뚜렷하게 남아 있다.

다. 한국에도 출간된 회고록 『세상을 노래하는 팝의 여왕 신디 로퍼』에는 데뷔 전 그가 헤쳐온 어려움이 기록되어 있다. 뉴욕 빈민가에서 태어난 신디 로퍼는 살아남기 위해 집을 떠나야 했고, 노래를 부르고 싶었지만 그럴 여건이 되지 않아 닥치는 대로 일해야 했다. 지난한 시간을 버티고 데뷔 앨범을 냈을 때 그의 나이 서른이었다. 예순의 신디 로퍼가 낸 회고록은 자신의 경험을 무용담으로 포장하지 않는다. 힘들었던 과거를 구체적으로 드러내며 신디 로퍼라는 사람이 지니고 있는 여러 맥락을 차분하게 풀어간다. 책을 읽다 보면 왜 데뷔 당시부터 페미니스트 감수성이 담긴 노래를 부르고, 자신이 평범하지 않다는 걸 앨범 이름으로 드러냈는지 이해된다. 특히 그는 지금까지도 그러한 정체성을 줄곧 유지해왔기 때문에, 책에 담긴 이야기가 더 설득력을 얻는다. 이 책은 2011년까지의 내용을 담고 있기 때문에, 뮤지컬 『킨키 부츠』의 성과에 관한 이야기나 첫 앨범 발매 30주년에 관한 이야기는 담겨 있지 않다. 회고록은 현실을 직설적으로 이야기하고 있다는 점에서, 또 본인의 이야기를 하며 간접적으로 여성들과 소수자들의 임파워링 메시지를 만들어간다는 점에서 의미가 있다.

팝 음악의 아이콘

물론 신디 로퍼가 이러한 정체성과 사회적 활동으로만 유명해진 것은 아니다. 그의 뛰어난 가창력과 매우 독특한 보이스 그리고 뛰어난 퍼포먼스 때문에 가능한 일이었다. 더욱이 뮤지컬 작품을 만들고 그것이 토니 어워드 작곡상을 받았다는 사실은 신디 로퍼의 음악적 역량을 증명해준다. 히피 스타일, 록 사운드 등을 조합해 자신만의 것으로 만드는 데 성공한 그는 여전히 월드 투어를 할 정도로 건재하다. 얼마 전 일본의 록 페스티벌에서도 엄청난 라이브로 열광적인 호응을 끌어냈다.

마돈나와 신디 로퍼는 가사보다 뮤직비디오로 작품의 메시지를 더욱 강하게 전달했다. 특히 마돈나는 「Like A Prayer」의 라이브 무대와 뮤직비디오로, 신디 로퍼는 「Girls Just Want to Have Fun」의 뮤직비디오로 메시지를 전달했다. 마돈나는 도발적인 의상과 안무, 흑인 예수, 불 타는 십자가 등을 담아 미국사회의 보수성을 자극했고 신디 로퍼는 남성을 이기는 여성을 등장시켜 확실한 메세지를 전달했다. 마돈나와 신디 로퍼 모두 음악으로 스스로를 지켜낸 인물들이다. 또 음악을 지켜내기 위해 음악적 역량을 키웠고, 신념을 지켜내기 위해 사회적 활동을 활발히 해왔다. 그들은 음악적·사회적으로 성장할수록 그런 자신을 지키기 위해 더 노력해왔다. 연기에 도전하고, 음악적인 방향을 바꾸면서도 자신의 색을 잃지 않았던 것은 굉장한 힘이다. 자신을 지켜내기 위한 싸움, 그들은 지금도 그러한 싸움을 하고 있는 많은 이에게 '팝 음악의 아이콘'으로서 큰 힘이 되고 있다.

6 자넷 잭슨, 최초의 블랙 팝 페미니스트

'블랙 팝'의 등장

1980년대에 데뷔해 페미니즘과 관련한 사회문제를 다루고 메시지를 던지면서도 음악적·상업적으로 높은 성과를 낸 팝 디바가 마돈나와 신디 로퍼만 있었던 건 아니다. 음악과 여러 방면에서의 활동을 비교할 때 마돈나와 우열을 가릴 수 없을 만큼 위대한 음악가가 또 있다. 바로 '블랙 팝'이라는 단어와 함께 팝 음악의 새 역사를 쓴 자넷 잭슨Janet Jackson이다.

자넷 잭슨은 1980년대에 데뷔했다. 다들 아는 사실이지만 마이클 잭슨의 동생이며, 잭슨 파이브Jackson 5로 이름을 알렸던 잭슨가(家)의 막내다. 마이클 잭슨의 존재감이 워낙 크다 보니 자넷 잭슨은 상대적으로 저평가되었다. 물론 마이클 잭슨의 위대함은 이견의 여지가 없다. 하지만 자넷 잭슨은 그와도 비교할 수 있을 만큼 훌륭한 음악적 성과를 거둔 음악가다. '운명적으로 남성 형제에게 가려진 여성'이라는 프레임 자체를 부술 필요가 있다. 자넷 잭슨은 자넷 잭슨이고, 마이클 잭슨은 마이클 잭슨이다. 자넷 잭슨의 커리어에 마이클 잭슨이 실질적으로 도움을 준 부분은 없다. 오히려 두 사람이 동등한 위치로 함께 작업한 적이 있을 뿐, 자넷 잭슨이 마이클 잭슨의 '후광에 가려졌다'고 할 만한 부분은 없다.

여성의 성적 욕망을 능동적으로 표출하다

1980년대에 발표한 두 장의 앨범 『Control』과 『Rhythm Nation 1814』는 지금까지도 대중음악 역사상 최고의 음반 가운데 하나로 평가받는다. 이후 1990년대와 2000년대에 발표한 『janet』 『Damita Jo』 또한 음악적으로 높은 완성도를 보여준 앨범으로 여성의 성적 욕망을 능동적·적극적으로 표출했다. 자넷 잭슨은 '여성의 성적 욕망'을 기존 남성의 시각과는 전혀 다른 관점에서 표현했다. 자넷 잭슨은 그 어떤 여성 팝 음악가보다 먼저 주체로서의 여성을 이야기했다. 제목처럼 "나는 내가 통제한다"는 「Control」부터 "네가 최근에 나한테 해준 게 뭐가 있냐"고 묻는 「What Have You Done For Me Lately」, 자기결정권을 강조하며 남성들에게 추태 부리지 말 것을 경고하는 「Nasty」까지 『Control』에 담긴 메시지만으로도 별도의 책을 쓸 수 있을 정도다.

내가 17세일 때는 사람들이 말하는 대로 했어
아빠가 말하는 대로 했고, 엄마가 날 쥐어짜게 했어
다 지난 얘기야
♪ Janet Jackson, 「Control」 중에서

2015년의 『Unbreakable』 발매 기념
콘서트에서 공연 중인 자넷 잭슨.
자넷 잭슨은 여성의 성적 욕망을
능동적·적극적으로 표출했다.
그는 다른 어떤 여성 팝 음악가보다 먼저
주체로서의 여성을 작품에 담았다.

자넷 잭슨은 『Damito Jo』를 비롯한 여러 작품에서 자신의 욕망을 능동적으로 표현했다. 지금 들으면 새롭게 느껴지지 않을 수 있지만, 그 앨범이 1990년대에 나왔다는 걸 생각하면 큰 의미가 있다. 연장선에서 오늘날 여성 팝 음악가들의 활동을 보면 자넷 잭슨이 얼마나 선구자였는지를 알 수 있다. 자넷 잭슨의 음악을 자양분으로 삼은 음악가가 모두 높은 성과를 보였기 때문이다. 비욘세, 리아나[Rihanna] 같은 유명한 팝 스타를 비롯해 네이오[NAO], 켈라니 등 최근 많은 주목을 받는 팝 음악가들이 모두 자넷 잭슨에게 영향받았다. 특히 이들이 모두 흑인여성 음악가라는 점을 고려하면, 자넷 잭슨이 그들에게 길을 터주고 또 길잡이가 되어줬던 셈이다.

퀴어를 위한 연대 『The Velvet Rope』

1997년에 발표한 『The Velvet Rope』의 수록곡에는 에이즈로 세상을 떠난 친구를 위한 작품 「Together Again」이 있다. 이 곡은 퀴어 커뮤니티에 큰 힘이 되었다고 한다. 「Free Xone」에서는 퀴어 커뮤니티를 향한 지지의 목소리를 낸다. 그는 『에보니 매거진』*Ebony Magazine*과의 인터뷰에서 "사람들이 날 게이라고 생각하든 그렇게 부르든 상관없다"라고 말한 바 있다. 앨런 다운스[Alan Downs]라는 심리학자는 이 앨범이 퀴어 커뮤니티의 트라우마를 치유하는 데 도움이 되었다고 분석했다. 자넷 잭슨은 수익의 일부를 미국 에이즈 조사 재단에 기부하기도 했다. 2004년에는 세계 최대의 프라이드 퍼레이드인 뉴욕 프라이드 행진[New York City LGBT Pride March]에서 퍼포먼스를 선보였으며, 2017년에 진행했던 'State of the World Tour'에서는 자신이 인종차별과 동성애를 혐오하는 호모포비아^{Homophobia}, 외국인을 혐오하는 제노포비아^{Xenophobia}, 파시즘, 가정폭력에 맞선다는 걸 분명하게 전달했다.

> 거의 매일 밤 저녁을 먹고는 했어
> 내가 거의 죽을 거라고 생각할 때까지 춤을 추고
> 이제 네 춤추는 발이 항상 내 소파에 있는 것 같아
> 내가 요리를 안 하면 우린 굶어 죽을거야
> 부끄럽지 않니?
> 네가 최근에 나한테 무슨 짓을 한 거야?
> ♪ Janet Jackson, 「What have you done for me lately」 중에서

자넷 잭슨이 재평가되어야 하는 가장 큰 이유는 그가 음악성이 뛰어난 작품을 꾸준히 발표했으며 영상, 안무, 비주얼 등 다양한 측면에서 팝 스타답게 팝 음악의 발전에 이바지했기 때문이다. 2016년 이후 자넷 잭슨을 재평가하는 작업이 늘어나고 있다. 이제라도 그의 작품을 깊이 있게 이해하려고 시도하는 것이다. 그가 과소평가된 이유에 대해서는 의견이 분분하지만 그가 흑인이고, 여성이라는 정체성이 평가에 영향을 미쳤다는 사실은 부정할 수 없다. 흑인 가수 최초로 마이클 잭슨의 뮤직비디오가 MTV에 상영된 것이 1980년대의 일이다. 대중음악 내 인종차별은 그 시절이 되어서

야 조금씩 허물어졌다.

사실 자넷 잭슨이 과소평가된 또 다른 이유는 니플게이트Nipple-gate라 불리는 2004년 슈퍼볼 공연의 가슴 노출 사건 때문이다. 슈퍼볼 공연은 미국 전역에서 어마어마한 시청률을 기록하는데, 여기서 저스틴 팀버레이크Justin Timberlake와 함께 노래하던 중 그만 유두가 노출됐다. 사고인지 연출인지 의혹이 일었고 엄청난 비난을 받았다. 이 사건으로 자넷 잭슨은 큰 타격을 입었고, 한동안 부진한 모습을 보였다. 하지만 2015년에 발표한 『Unbreakable』을 시작으로 조금씩 전성기 때의 역량을 회복하는 중이다. 1980년대, 1990년대, 2000년대, 2010년대에 걸쳐 빌보드 앨범 차트 1위를 기록한 음악가는 마돈나와 자넷 잭슨 그리고 브루스 스프링스틴Bruce Springsteen뿐이다. 자넷 잭슨의 위대함을 실감할 수 있는 기록이다. 지금도 앨범을 만들고 투어를 돌고 있으니, 자넷 잭슨이 앞으로 또 어떤 운동을 펼치고 음악을 선보일지 기대할 수밖에 없다.

컨트리 음악의 여왕

한국에서 샤니아 트웨인의 인지도는 그렇게 높지 않다. 하지만 세계적으로 '컨트리 음악의 여왕'으로 불리는 엄청난 스타다. 지금은 테일러 스위프트가 워낙 많은 인기를 누리고 있지만, 원조는 샤니아 트웨인이다. 그는 컨트리 음악 역사상 가장 많은 음반을 판 여성가수다. 컨트리 음악 내에서만 영향력이 컸던 건 아니다. 세계에서 음반을 가장 많이 판 음악가를 순위로 매겼을 때에도 샤니아 트웨인은 상위권에 이름을 올린다. 특히 1995년부터 2002년까지 발표한 『The Woman in Me』『Come On Over』『Up!』은 미국에서만 4,000만 장이 넘게 팔렸으며, 북미 지역에서 그를 모르는 사람이 없을 정도로 큰 성공을 거두었다. 전체 판매량을 합치면 어마어마한 대기록이 되는데, 지금도 여전히 건재한 모습으로 활동하고 있다.

「Any Man of Mine」

샤니아 트웨인은 아메리칸 원주민 혈통으로 보호구역 내에서 생활하기도 했다(샤니아라는 이름은 오지브와족 언어로 '내 길을 간다'on my way라는 뜻이다). 어린 시절 가족은 그에게 끝없는 시련을 안겨줬다. 부모의 이별과 재혼, 가난 등으로 그는 어릴 적부터 일할 수밖에 없었다. 10대가 되기 이전부터 끼니를 구하러 다녔다고 한다. 음악적 재능은 어릴 적부터 뛰어났다. 열 살 때 이미 작품을 만들기 시작했으며, 열세 살에는 TV 프로그램에 초청되어 공연했다. 하지만 그는 동생들이 독립할 때까지 일해야 했다. 그런 와중에 조금씩 기회가 찾아와서 꾸준히 무대에 설 수 있었고 컨트리 음악, 팝, 록 등 다양한 음악을 접하기 시작했다.

데모 테이프를 돌리는 과정에서 자연스럽게 대형 레이블과 계약했지만 자신의 이름을 건 첫 번째 앨범을 발표할 때까지만 해도 아무도 그의 큰 성공을 예상하지 못했다. 그런데 두 번째 앨범인 『The Woman in Me』부터 자신의 음악적 견해를 과감하게 반영하고, 다양한 장르를 섞으면서 독특하면서도 대중적인 팝 음악을 선보이게 되었다. 당연하게도 앨범은 순식간에 큰 성공을 거둔다. 이때 발표한 대표적인 작품이 바로 「Any Man of Mine」이다.

내 남자는 누구든 날 자랑스럽게 생각해야 해
내가 못날 때도 여전히 날 사랑해야 해
누구든 내 남자는 작년에 입었던 옷이 꽉 끼어도
딱 맞다고 말해야지
내가 100만 번 마음을 바꿔도 '괜찮다' '좋다'고 하는 걸 듣고 싶어

♪ Shania Twain, 「Any Man of Mine」 중에서

1995년에 발표한 싱글 「Any Man of Mine」은 "누구든 내 남자라면 이랬으면 좋겠어"라고 이야기한다. 남성의 기호가 절대적인 팝음악시장에서 여성의 목소리를 담아낸 것 자체가 반가운 일이지만, 이 작품이 미국에서만 50만 장 판매된 것은 더욱 반가운 일이다. 샤니아 트웨인은 제2집 때부터 대부분 작품을 직접 작사했는데, 이때부터 흥미로운 작품이 쏟아지기 시작한다.

음악으로 깬 젠더권력

세 번째 앨범 『Come On Over』는 더 많은 성공을 거두었고, 의미 있는 작품도 더 많이 담고 있다. 먼저 이야기할 작품은 「Honey, I'm Home」이다.

자기야, 나 집에 왔어. 오늘 되게 힘들었어.

차가운 것 좀 줘 그리고

발 좀 문질러줘, 먹을 것 좀 가져와줘

내가 제일 좋아하는 요리 만들어줘

나 쉬면서 TV 봐야 해.

♪ Shania Twain, 「Honey, I'm Home」 중에서

어쩐지 익숙하지 않은가? 샤니아 트웨인은 오늘 자신이 얼마나

1998년 미국 하트퍼드에서 공연 중인
샤니아 트웨인.
샤니아 트웨인은 남성의 희망사항이
절대적으로 반영되는 팝 음악시장에서
여성의 목소리를 담아낸 작품을 발표하고
큰 성공을 거두었다.

힘들었고 어떤 일이 있었는지 이야기하면서 집에 왔으니 발 좀 문질러 달라고 한다. 남자들이 말하는 방식을 패러디한 것이다. 다른 싱글인 「That Don't Impress Me Much」는 '맨스플레인'Mansplain에 관해 말한다. 레베카 솔닛Rebecca Solnit이 자신의 저서 『남자들은 자꾸 나를 가르치려 든다』에서 지적한 내용과 정확히 일치한다.

지들이 엄청 똑똑한 줄 아는 남자들을 몇 알고 있어
근데 너도 거의 그 수준인 것 같네
넌 네가 천재라 생각하지
근데 그게 날 엄청 짜증나게 한단 말이야
전형적인 원조 '다 아는 사람' 중 하나야 너는
오, 당신은 당신이 특별하다 생각하고
뭔가 다른 존재라고 생각하지
아, 그래요, 로켓 과학자라고요
뭐 근데 그게 크게 와닿진 않네요
♪ Shania Twain, 「That Don't Impress Me Much」 중에서

샤니아 트웨인은 "내 마음대로 행동하니 여자가 된 기분이다"라는 이야기를 담은 「Man! I Feel Like a Woman!」이라는 싱글과 "그에게 손을 대고 싶다면 먼저 물어봐야 해"라는 내용을 담은 「If You Wanna Touch Her, Ask!」 등의 곡을 수록해 일관된 메시지를 사회에 전달했다. 그의 이야기와 음악은 상업적으로도 큰 성공을 거두

었고, 그래미 어워드에서 상을 받기도 했다. 주체로서의 여성에 관한 이야기를 솔직하게 풀어놓은 그의 작품은 대중과 평단에서 모두 사랑받았다.

몇 작품에서 그가 사용한 방식은 미러링^{mirroring, 거울처럼 상대의 언행을 따라해 타산지석으로 삼도록 하는 것}에 가깝다. 또 남성과 여성 사이에서 만들어진 편견을 반대로 재구성하는 이야기도 있다. 이후 앨범 『Up!』에 수록된 싱글 「She's Not Just a Pretty Face」에서는 여성이 다양한 직업을 가질 수 있다는 이야기를 하기도 했다. "단지 예쁜 얼굴만이 아니에요"라는 제목은 여성이 외모로만 평가받는 세태를 지적한다. 이러한 작품이 앨범에 들어 있지만, 한국에서 『Up!』이 발표되었을 때 언론은 샤니아 트웨인의 외모에만 집중했다. 섹시한 스타라는 문구만 내세웠을 뿐 샤니아 트웨인이 어떤 음악을, 어떤 가사를 작품에 담았는지는 거의 다루지 않았다.

지금까지도 페미니즘의 목소리를 내며 여성의 임파워링 그리고 걸 파워 바람을 이어나갔던 그는 음악으로 젠더권력에 담겨 있던 편견을 깼다. 때로는 전복과 공감의 방식을 통해 꼭 해야 하는 이야기들을 꺼냈다. 샤니아 트웨인은 2017년에 『Now』라는 앨범을 발표했으며 그의 음악과 메시지는 여전히 살아 있다.

8 디바라는 화려한 이름보다는 '있는 그대로의 나'를

디바라는 짐

팝 음악 신에서 뛰어난 두각을 보이는 여성 가수를 두고 '디바'라고 한다. 특히 팝 음악시장은 디바를 많이 만들고, 또 좋아한다. 디바는 대중의 많은 사랑을 꽤 오랫동안 받았다. 디바 가운데 일부는 게이 문화와 맞물려 '게이 아이콘'으로 부상하기도 했다. 1970년대에 소울, 알앤비, 디스코 음악을 선보이며 대중의 폭발적인 사랑을 받은 도나 썸머Donna Summer, 1948-2012는 당시 게이 디스코 신에서 '게이 아이콘'으로 통했다. 2000년대를 지나며 여성 솔로 가수가 많아지면서 게이 아이콘이 된 디바도 많아졌다. 다만 디바가 많다 보니 관심의 집중도가 상대적으로 덜해졌다. 사실 과거에는 '디바'라는 타이틀 자체가 무거운 짐이었다. 휘트니 휴스턴Whitney Houston은 그러한 부담을 이기지 못하고 결국 약물에 손을 대기도 했다.

이러한 현상은 과거의 여성 재즈 보컬에게도 해당하는 일이었다. 여성 재즈 보컬은 대부분 관객이 남성인 쇼를 성공시키기 위한 도구로 쓰이기도 했다. 그러한 부담이 비극적 결말을 가져오기도 했다. 빌리 홀리데이는 당시 인종차별을 온몸으로 겪는 동시에 많은 이의 주목과 사랑을 받았다. 그러한 혼란 속에서 그는 결국 약물을 복용했고 결국 마약중독으로 사망했다. 최근에는 데미 로바토^{Demi Lovato}가 어린 시절부터 활동하며 겪은 체력적·정신적 부담 때문에 10대 후반의 어린 나이에 약물에 손을 대기도 했다. 데미 로바토는 여러 매체와의 인터뷰에서 "코카인 없이는 30분도 견디기 힘들었다"라고 말했을 정도였다.

'있는 그대로의 나'를 이야기하는 나타샤 베딩필드

시간이 지날수록 '있는 그대로의 나'를 이야기하는 디바가 많아졌다. 이는 듣는 이와 말하는 이 모두에게 긍정적이고 기분 좋은 에너지를 전달한다. 물론 앞선 글에서 소개한 많은 음악가도 '있는 그대로의 나'를 이야기했지만 이번에 이야기하려는 가수인 나타샤 베딩필드^{Natasha Bedingfield}는 좀더 특별하다.

나타샤 베딩필드는 2000년대에 데뷔해 2005년, 2006년에 그래미 어워드와 브릿 어워드^{BRIT Award} 후보에 오르며 명성을 쌓았다. 2004년 처음 발표했던 앨범 『Unwritten』은 당시 영국에서 큰 사랑을 받았다. 앨범에 수록된 작품 「Unwritten」은 긍정적인 메시지를 담고 있다. 자기 자신을 "쓰이지 않았다"라고 표현하며, 정의되지 않은 무언가로 제시한다. 스스로 그 내용을 쓸 수 있다는 점을 말하면서 "오늘이 네 책이 시작되는 날이다"라고 말하는 것이다. 특히 다음 가사가 매우 인상적이다.

네 피부에 닿는 비를 느껴봐

누구도 널 대신해 느낄 수 없어

오직 너만이 그걸 받아들일 수 있어

그 누구도, 어느 누구도

네 입술로 말할 수 없어

말하지 못한 단어들에 널 내던져봐

팔을 활짝 열고 네 삶을 살아

♪ Natasha Bedingfield, 「Unwritten」 중에서

나타샤 베딩필드에게는 다니엘 베딩필드Daniel Bedingfield라는 오빠가 있다. 다니엘 베딩필드는 2002년과 2003년에 세계적으로 인기를 모은 가수다. 그래서 나타샤 베딩필드가 처음 등장했을 때는 다니엘 베딩필드라는 존재가 꼬리처럼 따라다녔다. 그러한 상황에서 「Unwritten」을 발표했으니 그 의미가 남다르다고 할 수 있다.

나타샤 베딩필드는 「Unwritten」을 발표한 이후에도, 비슷한 메시지를 전하는 가사를 꾸준히 썼다. 두 번째 앨범 『Pocketful of Sunshine』에서는 「Freckles」라는 작품을 선보였는데, 다른 이들이 자신에 관해 이야기하거나 생각하는 것을 크게 신경 쓰지 않는다는 내용이다. 나타샤 베딩필드는 이 작품에서 아무것도 신경 쓰지 않을 때 강해진다는 메시지를 전하고, 보이는 것이 중요한 게 아니라, 스스로가 얼마나 가치 있고 소중한 사람인지를 느끼는 일이 중요하다고 말한다. 이러한 작품에서 나타샤 베딩필드의 삶에 대한 태도

2008년 미국 플로리다에서 공연 중인
나타샤 베딩필드.
나타샤 베딩필드는 '있는 그대로의 나'를
노래하는 팝 음악가다.
그는 자신을 '쓰이지 않았다'(Unwritten)
라고 비유하며 정의되지 않은
무언가로 표현한다.

가 잘 드러난다. 2010년에 발표한 「Strip Me」라는 작품에서는 타인이 아무리 자신을 평가해도 나는 그 누구도 가질 수 없는 유일한 존재임을 노래한다.

팝 음악 속 페미니즘

사실 이렇게 자신의 경험을 바탕으로 의미 있는 작품을 만들고 활동을 이어가는 여성 음악가의 사례는 절대 적지 않다. 그중 몇몇은 작품에서 자신을 표현하는 것 이상으로, 재단을 만들거나 운동을 펼치기도 한다. 물론 팝 음악시장은 굉장히 상업적이다. 많은 자본이 투입되고 시스템화되어 있으며 작품 하나를 만들 때도 각종 요소를 배치한다. 하지만 성숙한 팝 음악시장은 인간을 그러한 산업구조의 일부로만 취급하지 않는다. 가수가 표현하고자 하는 메시지 그리고 대중에게 선보이는 모습을 많이 고민하는 것이 팝 음악시장의 매력이다. 퍼포머performer의 역할도 단순히 누군가 만들어준 것을 프론트맨으로서 선보이는 데 그치는 것이 아니다. 책임의식을 지닌 채 대중 앞에 서서 스스로의 메시지를 전달하는 것이 팝 음악가다.

지금의 팝 음악시장은 과거와 비교했을 때 많이 변했다. 때로는 자극적인 이미지를 보여주고 노골적인 언어를 쓰기도 하지만, 그만큼 표현의 폭이 넓어지고 깊이를 더했다. 이런 이유로 페미니즘은 더욱 중요해지고 있다.

9 있는 그대로의 나를 말하는 음악가들

난 나대로 아름다워. 신은 실수하지 않거든

레이디 가가의 「Born This Way」의 가사인 "난 나대로 아름다워. 신은 실수하지 않거든"처럼 구체적이지 않더라도, 팝 음악에는 있는 그대로의 자신을 사랑하라는 작품이 많다. 연달아 몇 작품을 소개하기에는 그 수가 많아서, 오랫동안 팝 음악시장 내에 남아 있는 문제점과 엮어 이야기하고자 한다.

게이든, 이성애자든, 양성애자든, 레즈비언이든, 트랜스젠더든
난 제대로 가고 있어, 나는 살아남기 위해 태어난 사람
흑인이든, 백인이든, 베이지색이든, 라티노든, 동양인이든
난 잘 가고 있어, 난 태어날 때부터 용감한 사람
♪ Lady Gaga, 「Born This Way」 중에서

많은 사랑을 받은 팝 음악 가운데 유독 여성 음악가가 자신을 사랑하라고 이야기하는 작품이 많다. 하지만 각 작품은 이야기하는

결도, 모습도 다르다. 그러한 작품을 선보이는 음악가 중에는 강한 인상을 남겨 '걸 크러쉬'라 불리는 이도 있고, 반대로 팝 스타를 떠올릴 때 생각나는 화려하고 아름다운 전형적인 이미지를 지닌 이도 있다. 작품을 선보이는 음악가의 모습과 상관없이, 각 작품은 저마다 다른 매력을 지닌다. 쿨한 느낌의 신나는 작품이 있는가 하면, 어둡고 슬픈 작품도 있고, 힘이 넘치는 작품도 있다. 아마 여러 작품을 놓고 분포를 도식화하면 한 축은 작품이 지닌 분위기, 다른 한 축은 작품을 선보이는 음악가의 모습과 태도, 나머지 한 축은 작품의 내용이 될 것이다.

그러한 작품들의 유형을 몇 가지 꼽아보면, 첫째, 연인과 헤어진 뒤의 태도다. 이별을 통보받거나 심지어 상대가 바람 피우는 모습을 보더라도 난 괜찮으며 씩씩하게 내 길을 가겠다는 타입이다. 둘째, 자존감을 되찾기 위해 노래하는 경우다. 자존감이 낮아진 자신을 위로하고 격려하는 작품은 그만큼 묵직하다. 가장 대표적인 작품으로는 핑크의 「Fuckin' Perfect」가 있다. 핑크는 이 노래에서 "우린 너무 많이 노력해. 그건 시간 낭비야, 넌 너무 완벽해"라고 말한다. 그리고 제시 제이^{Jessie J}는 「Who You Are」에서 "너에게 잘못된 건 없어, 그냥 너 자신에게 솔직해져"라고 위로를 건넨다.

네 머릿속 목소리들을 바꿔봐, 널 좋아하도록

핑크는 미국의 팝 스타이자 록 스타로 데뷔 초부터 힙합과 펑크 스타일을 섞은 비주얼과 음악을 선보이면서 좌충우돌 이미지를 얻었다. 이후 시간이 지나면서 작품에 깊이를 더하기 시작했고, 잠깐의 정체기가 있었으나 「Fuckin' Perfect」가 수록된 베스트 앨범 『The Greatest Hits… So Far!!!』으로 다시 한번 존재감을 알리는 데 성공했다.

> 넌 너 자신에 대해 말할 때 너무 나빠, 그건 잘못된 거야
> 네 머릿속 목소리들을 바꿔봐, 널 좋아하도록
> 너무 복잡하지만, 네가 얼마나 잘해낼 수 있는지 봐
> ♪ P!nk, 「Fuckin' Perfect」 중에서

2010년에 발표한 이 노래는 빌보드 차트 1위를 기록하고 전 세계 차트를 휩쓸면서 핑크라는 아티스트가 지닌 저력을 여지없이 보여주었다. 핑크라는 사람의 실제 모습이 많이 투영되어 있는 동시에 음악이 담고 있는 메시지가 강렬하고 따뜻해서 아닌가 싶다.

작품의 가사는 설령 바보같이 잘못된 길을 갔거나 과소평가되더라도, 그래서 스스로를 미워하고 증오하더라도, 너는(나는) 정말 아름다운 사람이라는 내용이다. 뮤직비디오는 이 작품의 내용을 굉장히 잘 담고 있다. 한 여자아이가 성장하는 과정에서 겪는 고통을 단적으로 보여주는데, 마지막에 자해하는 듯하다가 극복하고 다시 일어서는 모습이 인상적이다. 스스로를 받아들이고 인정하는 주인공의 모습에서 있는 그대로의 나를 바라보는 일이 얼마나 중요한지 새삼 깨닫게 된다.

핑크의 반항적 기질

핑크는 데뷔 초기의 튀는 행동과 반항적 이미지로 유명하지만, 실제 삶에서는 콤플렉스에 시달리거나 자학하는 면모를 많이 보여줬다. 대중에게 보여지는 자신의 모습과 실제 모습 사이에 괴리가 있다는 것을 본인도, 보는 이들도 알게 되었다. 그러나 핑크는 이를 극복해가면서 「Fuckin' Perfect」 같은 멋진 작품을 발표하고, 점점 더 큰 성공을 거둔다. 2006년에 발표한 『I'm Not Dead』를 지나면서 더 큰 사랑을 받은 것이 그 증거다. 그 기점에는 「Stupid Girls」가 있었다. 이 작품은 미디어 스타 가운데 몇 사람을 겨냥한 작품이다. 제목 그대로 '멍청한 행동을 하는 여자들', 즉 잘나가는 남성의 환심을 사려고 노력하며 예뻐 보이려고 어떤 행동도 마다치 않는 사람들을 지적하는 이 작품도 뮤직비디오에서 그 의도가 잘 드러난다.

핑크는 굉장히 어릴 때부터 직접 작품을 만들고 노래를 불렀으며, 알앤비 음악을 기반으로 실력을 쌓았다. 이후 같은 지역에서 활동하는 래퍼들의 눈에 띄어 무대에 설 수 있었고, 그러던 가운데 대형기획사와 계약을 맺는다. 일찍 데뷔할 줄 알았으나, 누구나 성공하기 전 한 번쯤 겪는다는 우여곡절을 거친 후 2000년에 솔로로 데뷔했다.

처음에는 핑크도 별 수 없이 자극적인 섹스어필과 풋풋하며 반항적인 미디어 이미지를 '선택'했다. 그러다 보니 본인의 실제 모습과 미디어에서 보여지는 모습이 달라 갈등을 겪었다. 다만 그의 반항적 기질만큼은 어릴 때부터 쭉 지니고 있었던 것이라고 한다. 자신의 오빠가 "여자는 스케이트보드 못 타"라고 이야기하자 다음 날부터 스케이트보드를 타기 시작해 잘 타게 될 때까지 연습했다는 일화가 그의 성격을 보여주는 단적인 예다. 그는 현재 채식주의자이며, 동물보호단체를 위해 활동하고 있다. 그는 여전히 반항하고 있다.

최근 그는 빌보드 뮤직 어워드에서 자신의 딸에게 해줬던 이야기를 공개해 화제가 되기도 했다. 그는 "나 너무 남자 같아"라고 고민하는 딸에게 자신은 어떤지 물어봤고, 아름답다는 답을 받자 고맙다고 말했다고 한다. 이후 그는 자신을 비웃기 위해 남성적이라고 이야기하는 사람들이 있다고 알려주며, 중성적인 매력을 지닌 예술가들을 소개해줬다. 또한 자신은 세상이 원하는 여성적 이미지를 취하지 않아도 월드 투어를 모두 매진시켰고, 사람은 다양한 아름다움을 지향할 수 있으며, 있는 그대로의 모습이 얼마나 위대한지를 알려주었다고 한다. 이보다 좋은 페미니즘 교육이 있을까.

『서프러제트』를 위해 쓴 「Wild Hearts Can't Be Broken」

핑크는 성공한 팝 음악가다. 스스로 작품을 만드는 싱어송라이터Singer-songwriter라는 데도 성공의 원동력이 있겠지만, 솔직하고 거침없는 모습, 그러한 면모를 잘 표현하는 시원한 목소리도 빼놓을 수 없다. 「Blow Me」와 「Raise Your Glass」 등 핑크가 부른 작품에는 신나는 노래가 많다. 삶에 지쳤을 때 들으면 좋은 노래들이다. 최근에는 20세기 초 영국의 여성참정권 운동을 다룬 영화 「서프러제트」

2014년 그래미 어워드에서 공연 중인 핑크.
실제 삶과 대중에게 보이는 모습이 달라
괴로워한 핑크는 힘든 시간을 이겨내고
'나 자신을 있는 그대로 사랑하는 일'의
메시지를 작품에 담아냈다.

^{Suffragette}를 위해 쓴 「Wild Hearts Can't Be Broken」이 온라인에서 활발하게 일어나고 있는 #MeToo 캠페인의 주제가처럼 불리고 있다. 핑크는 #MeToo 캠페인을 지지하고자 이 작품을 그래미 어워드에서 직접 불렀다.

'누가' 자신감을 선보이는가

제시 제이 또한 데뷔 초 「Price Tag」을 발표하면서부터 많은 사랑을 받은 팝 스타다. 예측할 수 없는 헤어스타일은 물론, 멋진 비주얼과 뛰어난 가창력으로 호평을 얻었다. 최근에도 「Bang Bang」이라는 작품이 성공하면서 여전히 많은 사랑을 받고 있다.

제시 제이나 핑크처럼 거친 이미지의 여성이 자존감을 이야기하는 작품들은 예쁘고 당당하게 자신감을 드러내는 작품들과 명확한 차이가 있다. 단순히 내 존재가 멋지다는 것을 드러내는 화려함과는 다른 것이다.

물론 팝 스타 특유의 화려함을 드러내며 "난 최고야"라고 말하는 것도 팬들이 자신감을 지닐 수 있게 하는 긍정적인 효과가 있다. 롤모델로서 동기를 부여해주기 때문이다. 그러나 사실 화려한 자신감을 표출하는 것은 스타라면 누구나 다 하는 것이다. 이를 테면 여전히 여성을 뮤직비디오 소품 정도로 대상화하는 일부 래퍼도 자신의 화려함을 자랑한다. 래퍼들의 "나 멋있어"와 팝 스타의 "나 멋있어"는 엄연히 다르다. 팝 스타가 지니는 자신감의 갈래는 래퍼들이 지니고 있는 결보다 훨씬 다양하다. 릴리 알렌^{Lily Allen}이 「Hard Out

Here」이라는 작품의 가사에서 지적했던 것처럼 말하는 이에 따라서 자신감을 드러내는 모습도 다르고, 받아들이는 사람이 해석하는 방식도 다르다. 자신감은 결국 '누가' 선보이느냐에 따라 달라진다.

> 내가 섹스 이야기를 하면 넌 난잡한 여자라고 하겠지
> 남자들은 여자 얘길 해도 아무도 뭐라 하지 않지만
> 깨뜨려야 할 유리천장이 있어. 아, 돈도 벌어야 하고 말이지.
> ♪ Lily Allen, 「Hard Out There」 중에서

"난 최고야"라고 자랑하는 이야기와 다르게, 자존감은 좀더 긍정적인 메시지를 전한다. 당신이 어떤 모습이든 괜찮다고 말하며, 있는 그대로의 모습이 지닌 가능성과 사랑스러움을 이야기한다. "다른 사람이 되려고 애쓰며 시간을 보낸 게 나뿐이 아니란 걸 알아. 근데 이젠 안 그럴래, 난 신경 안 써"라고 노래하는 메리 램버트^{Mary Lambert}의 「Secrets」과 "나 스스로를 사랑하며 살 거야, 다른 사람은 필요 없어"라고 노래하는 해일리 스타인펠드의 「Love Myself」는 모두 멋지고 사랑스러운 작품이다.

솔직히 나는 당신이 용감해지는 걸 보고 싶어요

메리 램버트는 커밍아웃한 레즈비언이다. 그는 세계적으로 사랑받은 매클모어 앤 라이언 루이스^{Macklemore & Ryan Lewis}의 「Same Love」에 피처링하면서 사람들에게 알려졌다. 이후 그는 유명세

에 조급해하지 않고 조금씩 자신의 작품을 만드는 중이다. 그는 「Secrets」에서 자신의 비밀이라 할 만한 이야기들을 하나씩 풀어내며 그것을 당당하게 드러낸다.

세상이 내 비밀을 알게 된다 해도 상관하지 않을 거야
어쩔 건데?
♪ Mary Lambert, 「Secrets」 중에서

해일리 스타인펠드의 「Love Myself」는 이별 노래인 듯하지만, 뮤직비디오에서 배우 겸 가수인 그의 거리낌 없고 털털한 성격이 그대로 느껴진다. 그는 영화 「비긴 어게인」Begin Again, 「스파이더맨: 뉴 유니버스」Spider-Man: Into the Spider-Verse에 출연한 배우이자 아직 EPExtended Play, 정규 음반과 싱글 음반 사이에 있는 음반 한 장만 발표한 신인 음악가다.

사라 바렐리스Sara Bareilles는 「Brave」에서 "지금까지 당신이 침묵한 역사는 당신에게 아무 쓸모없을 거예요. 입을 닫지 말아요"라고 노래하며 앞선 두 작품보다는 좀더 성가 같은 느낌을 준다. 자신이 지닌 정체성이 뭐든 용기를 지니라는 이야기는 듣는 이에게 좀더 당당해져도 된다는 메시지를 전한다. 2002년에 음악을 시작한 세라 바렐리스는 2007년 「Love Song」이라는 작품이 유명해지며 이름을 알리기 시작했다. 이후 꾸준히 깊이 있는 팝-소울 음악을 선보이며 음악가로서 입지를 다지고 있다.

당신이 말하고 싶은 것들, 그 말들을 내보내요
솔직히 나는 당신이 용감해지는 걸 보고 싶어요
♪ Sara Bareilles, 「Brave」 중에서

여성 음악가는 팝 음악시장 내에서 유독 빨리 소모된다. 때로는 분절된 신체 부위가 주목받고, 어떤 행위가 개인에 앞서 논란이 되기도 한다. 음악을 잘하더라도 '디바'라는 개념 자체가 하나의 강박으로 작용하기도 한다. 그러니 우리는 좀더 '어쩌라고'의 태도를 지닌 여성 음악가들을 사랑해줘도 되지 않을까. 브릿 어워드를 수상한 아델의 수상소감이 길어질 것을 우려한 사회자가 그의 말을 끊자 아델이 항의하기 위해 가운데 손가락을 날린 것이 관중의 환호를 받는 멋진 액션인 것처럼 말이다.

「Video」

인디아 아리India Arie는 2001년 『Acoustic Soul』로 데뷔해 200만장의 판매액을 기록한 여성 음악가다. 이후 그래미 어워드 후보에도 꾸준히 오르는 등 평단과 대중에게 많은 사랑을 받았다. 지금까지도 꾸준히 사랑받으며 그래미 어워드에서만 스물한 번 후보에 올랐고 총 4회 수상했다. 지금 소개할 노래는 인디아 아리가 첫 앨범에서 가장 처음 발표한 싱글 「Vide」다. 이 작품은 어쿠스틱 악기들로 담백하게 구성된 알앤비 음악이다. 빌보드 차트 상위권까지 진출했으며 그래미 어워드에서는 네 개 부문의 후보에 올랐다.

이 작품은 외모지상주의를 지양하고 있는 그대로의 모습을 사랑하자고 이야기한다. 제모, 피부색, 옷 등 굉장히 구체적인 상황을 열거하면서, 외모지상주의의 면면을 함축적으로 담아낸다. 후렴구에서는 그러한 기준이 모두 '비디오'임을 시사한다. 비디오에 나오는 여자들의 예쁜 모습이 기준이 되는 것을 경계한다. 동시에 그러한 이미지 때문에 혼란에 빠진 가치관을 바로 세우고, 스스로가 중심이 되어 자기 자신을 사랑하자고 분명하게 이야기한다.

가끔은 난 다리털을 밀기도 하고 아니기도 하고
가끔은 난 머리를 빗기도 하고 아니기도 해
바람이 어떻게 부느냐에 따라 달렸지, 페디큐어를 바르기도 해
그냥 내 영혼에 기분 좋은 것이 뭐냐에 따라 달린 거야

난 너희 비디오 속 그런 보통 여자들이 아냐
난 슈퍼모델 같은 몸매를 가진 건 아니지만
조건 없이 날 사랑하는 법을 배웠어

이제 계속 널 사랑하렴, 모든 건 다 잘될 거야
♪ Indian Arie, 「Video」 중에서

이 작품에서 특히 비판하는 것은 근대 이후 자본주의 사회의 '매체'와 '경제'가 만들어낸 '외모지상주의'다. 진부한 이야기로 들릴

수 있지만, 권력은 시대에 따라 끊임없이 특정한 아름다움을 강요했다. 미의 기준을 제시함으로써 추상적인 '미'의 개념을 규격화하고 구체화하는 동시에 이를 기준으로 사람 간의 우열을 가린다. 자본주의가 발달하면서 외모지상주의는 소비를 부추기는 시장경제와 만났고 결국 개인의 겉모습을 포장하는 것이 '사회적 능력'으로 간주되기에 이르렀다.

아름다움에 관한 가치관과 욕망은 개인적인 것처럼 보이지만, 사실은 사회가 부여한 기준에 따라 작동한다. 그 기준은 다분히 남성중심적이다. 페미니즘 예술가 바바라 크루거Barbara Kruger의 「당신의 몸은 전쟁터다」Your Body Is A Battleground를 떠올려보자. 보통 내 몸은 스스로 통제할 수 있다고 생각하기 쉽다. 그러나 바바라 크루거의 작품은 몸이라는 것 역시 사회적으로 영향받고, 심지어 몸에 대한 생각들까지도 사회적 구성물이라는 점을 환기한다.

「Video」는 화자가 흑인이기 때문에 더욱 설득력을 얻는다. 흑인여성의 몸은 상대적으로 더욱 낮은 지위라는 이미지(또는 실재)를 지니고 있기 때문이다. 흑인여성들은 그들의 몸을 '인격이 없는 몸'으로 취급하는 가부장적 시선에 더욱 쉽게 노출된다.

겉모습과 상관없이 나는 언제나 나

무엇이든 눈에 보이는 부분으로만 판단하는 것은 위험하다. 그렇다고 아름다운 것을 억지로 싫어하라는 말은 아니다. 나 역시 아름다움을 탐하는 것과 인간을 대상화하는 매체의 영향력을 명확히 구분하지 못한다. 이러한 혼란은 결국 "아름다움은 주관적이라는 사실을 잊지 않을 수 있는가." "나는 어떤 방식으로, 또 어느 정도로 아름다움에 가치를 부여하고 있는가." 하는 물음으로 귀결된다.

인디아 아리는 아름다움을 판단하는 주체를 사회가 아닌 '나'로 잡고 기존의 시선에서 탈출하자는, 다소 당연한 얘기를 하지만 외모지상주의에 대해 담백하게 그리고 망설임 없이 말하는 그의 모습은 매력적이다. 인디아 아리는 이 작품을 발표한 후에도 「I Am Not My Hair」에서 보이는 것이 누군가를 판단하는 척도가 될 수 없다고 노래했다.

난 내 머리카락이 아니야, 난 이 피부가 아니야
난 네가 기대하는 모습이 아니야, 나는 그 안에 사는 영혼이야
♪ India Arie, 「I Am Not My Hair」 중에서

인디아 아리라는 아티스트가 페미니즘적 감수성을 얼마나 지니고 있는지는 알 수 없다. 그러나 어려운 주제를 이처럼 명료하게 풀어내면서 이성적·감성적으로 접근하는 것을 보면 대단한 사람임이 틀림없다.

미카의 매력적인 작품들

이번에 소개할 작품은 영국의 유명한 싱어송라이터 미카^{MIKA}의 「Big Girl」이다. 미카의 데뷔 앨범 『Life In Cartoon Motion』의 네 번째 싱글로 발표된 이 작품은 부제가 'You Are Beautiful'인 만큼 말 그대로 "빅걸인 당신은 아름다워요"라는 내용을 담고 있다.

퀸^{Queen}의 「Fat Bottomed Girls」에 헌정한 작품으로 알려져 있지만, 실제로는 그가 본 어느 다큐멘터리에서 영감을 받은 작품이다. 다큐멘터리는 뚱뚱한 여성만 들어갈 수 있는 클럽을 다뤘는데, 여기에 영감을 받은 미카가 순식간에 작품을 써내려갔다고 한다.

이 작품은 미카의 감수성을 충분히 표현한다. 여자의 음역보다 높은 고음을 자유자재로 구사하는 특유의 팔세토^{falsetto} 창법은 쓰지 않았지만, 미카 특유의 댄스 팝 사운드가 잘 담겨 있다. 뮤직비디오는 미카가 빅걸들과 함께 퍼레이드를 하는 장면들로 구성되어 있는데, 등장하는 모든 이가 사랑스러운 모습이다. 미카는 이 작품을 개인적으로 굉장히 좋아한다고 밝혔고, 라이브 때 종종 빅걸들과 함

2016년 포르투갈 리스본에서 공연 중인 미카.
'제2의 프레디 머큐리' '제2의 프린스'로
불리는 미카는
섬세한 감수성과 다양한 주제로
기존 팝 음악과는 확연히 다른 자신만의
작품을 선보이고 있다.

께 무대를 꾸미곤 한다.

「Big Girl」 외에도 가정이 있는 한 남자가 다른 남자와 사랑에 빠졌다는 내용의 「Billy Brown」, 음악가의 개성은 신경 쓰지 않고 '팔리는 사람'을 만들기 위해 애쓰는 기획사와 음악시장을 꼬집는 「Grace Kelly」까지 미카의 첫 앨범에는 다양한 작품이 수록되어 있다. 특히 「Grace Kelly」에는 있는 그대로의 자신을 사랑하겠다는 의지까지 담겨 있다. 이런 작품은 음악적으로 아름다울 뿐 아니라 음악가의 섬세한 내면을 확실하게 드러내고 있어 매력적이다.

미카의 첫 앨범은 극단적인 호평과 혹평을 동시에 받았다. 그러나 일부 평단의 치명적인 혹평에도 앨범 판매는 성공적이었으며 결국 그는 세계적인 음악가가 되었다. 그의 화려한 고음과 무대 매너는 프레디 머큐리Freddie Mercury, 1946-91와 프린스Prince, 1958-2016를 떠올리게 했고, 자연스럽게 '제2의 프레디 머큐리' '제2의 프린스'로 불렸다. 화려한 퍼포먼스에 비해 라이브가 다소 불안정했지만 곧 자신의 단점을 보완해 굉장히 높은 수준의 무대를 보여주었다. 지금 미카는 그 누구보다 멋진 아티스트다.

몸에 대한 두 개의 다큐멘터리

미카의 작품을 더 소개하기 전에 몇 개의 다큐멘터리를 소개하고자 한다. 하나는 여성인권영화제인 피움 영화제에서 2012년에 선보인 「The Fat Body (In)visible」이고, 다른 하나는 EBS 국제다큐영화제에서 2007년에 선보인 「THIN」이다. 첫 번째 작품은 큰 체형을 혐오와 부정의 대상으로 보고 비가시적 영역에 편입시켜 비정상으로 바라보는 사람들의 시선과 아름다움에 대한 기준을 획일적으로 만들어가는 세태, 다양성을 존중하지 못하고 그 자체의 아름다움을 인정하지 못하는 현실을 이야기한다.

다큐멘터리 속 인상적이었던 대사로 "내가 아닌 몸이 된 기분이었다"가 있다. 보이는 부분으로만 사랑을 판단하는 우리는 한 사람이 지닌 너무 많은 것을 놓치고 있다.

두 번째 다큐멘터리 「THIN」은 섭식장애가 있는 여성들이 병원에서 겪는 일들을 보여준다. 그들이 병원 안에서 감정적 혼란을 겪는 모습을 보면서 '이것이 질병이라고 할 수 있을까' '설령 질병이라 한들 저런 식의 치료 과정이 필요한 것일까' 하는 의문이 들었다. 사람들은 강압적인 프로그램을 따라야 했다. 그러나 그들에게 필요한 것은 이런 식의 치료가 아니었다. 섭식장애의 원인에는 고정된 성역할 정체성과 획일적인 몸매를 '정상'의 범주로 구성해 내보내는 대중매체의 영향력 등 사회적·문화적인 요인이 포함되어 있다. 섭식장애를 겪고 있는 사람들은 자신을 둘러싼 편견과 끊임없이 싸우고 있다. 그들에게 진짜 필요한 건 대화와 존중, 따뜻한 교감이다.

다른 방식으로 바라보기

미카는 화려함과 특유의 끼 덕분에 데뷔 초부터 성정체성을 의심받았다. 데뷔 당시 그는 대답 자체를 하지 않았고 자신에게 특정한

면모를 보인다. 작품을 직접 제작하고 부르는가 하면, 각종 투어를 돌며 가장 활발하게 활동하는 멋진 사람이다. 그는 어린 시절에 심각한 수준의 따돌림을 겪었다고 한다. 결국 그는 집에서 공부하게 되었는데, 그러한 과정에서 섭식장애를 겪고 자해하기도 했으며 극심한 우울증으로 치료도 받았다.

이런 과거가 있는 그는 따돌림을 막는 단체의 홍보대사를 맡아 적극적으로 활동했다. 디즈니와 계약하면서 각종 예능 프로그램과 드라마에 출연하기도 했다. 하지만 2010년 이후 연기는 점차 줄이고 음악에 좀더 집중하고 있다.

데미 로바토는 한 가지 이슈에만 집중하지 않고 사회의 여러 문제에 관심을 기울인다. 퀴어인권뿐 아니라 따돌림, 아동학대 문제를 해결하는 데에도 적극적이다. 그는 LA 프라이드 행진 외에도 NYC 프라이드 위크에서 리드 퍼포머로 나섰다. NYC 프라이드 위크의 대변인은 "데미 로바토는 많은 아이의 롤모델인 동시에, 평등을 위해 사회적 활동을 하고, 몸의 이미지에 대해서도 긍정적인 메시지를 말하며, 자신의 아픔을 드러낸 사람이다. 우리는 데미 로바토가 있어서 행운이라고 생각한다"라고 말했다.

데미 로바토가 걷는 길

데미 로바토는 기독교인이다. 동시에 동성결혼 합법화를 지지하며 "주님은 모두를 사랑하신다"라고 말하는, 어린 나이지만 당찬 팝스타다. 그는 어린 시절부터 악기를 배우고 노래를 익힌 만큼 기본

2012년 'Good Morning America' 콘서트에서
공연 중인 데미 로바토.
데미 로바토는 또래 팝 음악가 중
가장 성숙한 면모를 보인다.
따돌림을 막는 사회단체의 홍보대사로 활동하고
퀴어 인권을 옹호하고
아동학대 문제를 해결하는 데에도 적극적이다.

기도 탄탄해 자신이 출연한 프로그램의 OST를 모두 혼자 소화해낸 적도 있다. 『Demi』는 대부분 매체에서 좋은 평가를 받았다. 다만 대부분 수록곡이 '팝 록'Pop Rock, 록 음악 장르의 하나로 팝 음악과 록 음악이 혼합되어 있어 록 음악의 문법을 유지하면서도 대중적인 음악이다과 '틴 팝'Teen Pop, 팝 장르의 하위분류로 주로 10대들을 대상으로 한다의 경계에 있어서 호불호가 나뉘기는 했다. 평론계에서 그에게 거는 기대가 크다 보니 아쉬워하는 목소리도 들렸다. 본인도 이러한 분위기를 의식했는지 이후에는 음악 작업에 주력하는 모습을 보였다.

데미 로바토는 2015년에 『Confident』를, 2017년에 『Tell Me You Love Me』를 발표한다. 꾸준히 자신의 색을 찾기 위해 노력했고, 그것을 성실하게 공개했다. 이후 2017년 발표한 「Sorry Not Sorry」로 드디어 세계적인 성공을 거둔다. "미안하지 않아서 미안하다"는 노래는 자신을 미워하고 싫어했던 이들에게 보내는 통쾌한 메시지다. 주위에서 뭐라고 평가하건, 누가 자신을 싫어하건 자신만의 길을 가자.

12 이별의 모습으로 보는 페미니즘

최근 팝 음악시장의 이별 공식

세계적인 팝 스타인 동시에 늘 페미니즘에 관해 이야기하는 여성 음악가 비욘세의 작품 가운데 상대적으로 초기에 발표한 작품이자 '여성의 임파워링'을 말할 때 자주 언급되는 작품이 바로 「Irreplaceable」이다. 이 작품은 많은 이에게 페미니즘적으로 해석된다. 또 이별 노래를 이야기할 때에도 항상 포함된다. 그만큼 작품의 완성도와 흥행 성적이 좋았기 때문이다.

앞마당에 서서 나더러 바보라고 말하지
너 같은 남자는 절대 찾을 수 없을 거라고 말하네
너 제정신이 아니구나
넌 정말 날 모르는구나, 난 내일이면 다른 사람 만날 수 있어
그러니 단 1초라도 네가 대체될 수 없다는 생각은 하지 마
♪ Beyoncé, 「Irreplaceable」 중에서

이 작품은 여성이 애인인 남성에게 떠나라고 하는 내용이다. 단순히 떠나라고 한다기보다, "내가 준 건 다 두고 떠나라"라고 말하는 이야기다. 여성이 그동안 애인에게 해준 게 많은데 상대가 바람을 피웠기 때문이다. 작품 후반부에는 "내가 너의 전부가 아닌데, 아무것도 아니게 된들 어떠냐." "널 대체하는 건 너무 쉬우니까 난 슬퍼하지 않는다"는 내용이 담겨 있다.

이 작품을 비판하는 사람들은 과연 여성의 재력이 현실적인지, 또는 애인을 바꾸는 게 그렇게 쉬운 일인지를 묻는다. 그들에겐 미안하지만, 충분히 현실에서 일어나고 있는 일이다.

위의 작품은 이성애 관계에 한정된 가사다. 따라서 이성애를 중심으로 관계를 상정하는 문제에 관해서는 앞으로 더 이야기해야 할 것이다. 지금 이야기할 주제는 이성애 관계 안에서 일어나는 폭력과 구조적 문제다. 「Irreplaceable」이라는 작품을 소개한 이유도, 숱한 이별 노래가 남성은 매정하게 차고 여성은 돌아와 달라며 호소하는 슬픈 이미지를 띠고 있기 때문이다.

최근 들어 이러한 공식이 점차 깨지고 있다. 그 방향은 여러 갈래다. 여성이 다 자기 탓이라고 말하는 경우도 있고, 남성이 여성을 원망하고 미워하면서 비난하는 경우도 있다. 가장 대표적인 작품으로 최근 많은 인기를 얻고 있는 저스틴 비버[Justin Bieber]의 「Love Yourself」다. 이 작품은 이별의 원인을 제공한 여성에게 '돌아가라'고 말하는 내용이다.

반면 이별을 겪은 여성이 꿋꿋하게 괜찮다고 말하거나 이별을 쿨하게 받아들이는 작품도 생겨나고 있다. 이러한 작품은 가부장적 의미에서의 '순종적 여성' '수동적 여성' 이미지에 저항한다고 해석해도 무방하다.

나는 구글에서 비욘세가 불렀던 이별 노래를 검색한 적이 있는데 다양한 매체가 그 노래들을 페미니즘 플레이리스트로 분류했다. 처음에는 왜 그런지 바로 이해되지 않아 나의 젠더 감수성을 의심했다. 그리고 그렇게 분류된 「Irreplaceable」 「Best Thing I Never Had」 「If I Were A Boy」를 잘 들여다봤다. 비슷하게는 시애라의 「Like A Boy」가 여성 임파워링 플레이리스트, 또는 페미니즘 플레이리스트로 분류되었다.

비욘세의 경우에는 「Run The World (Girls)」 「Single Lady」처럼 여성 임파워링의 의미가 확실한 작품도 있고, 2014년 12월에 발표한 『Beyoncé』처럼 페미니즘의 관점에서 좀더 다양한 이야기를 펼치는 작품도 있다.

앞서 말한 작품들에는 공통점이 있다. 우선 비욘세의 「If I Were A Boy」와 시애라의 「Like A Boy」는 성별 역할에 관한 이야기다. 제목 그대로 '내가 남자라면' 무엇을 할지, 또는 '남자처럼' 행동할 거라는 식의 가사가 주를 이룬다. 이때 가사가 묘사하는 성별 역할과 상황은 굉장히 전형적이다. 그래도 나쁜 남자에게 이별을 통보받는 상황에서 '내가 너라면 어떻게 하겠다'는 내용의 가사는 한 번쯤 생각해볼 만하다. 두 가수 모두 힙합-알앤비 음악을 기반으로 댄스를 격하게 추는 흑인여성 음악가라는 점에서 어느 정도 비슷한 정체성을 지니고 있기도 하다. 반면 비욘세의 두 작품 「Irreplaceable」과 「Best Thing I Never Had」는 이별의 상황을 쿨하게 받아들이는 내용이다.

'feminist' 'empowering' 'breakup' 'song' 등의 키워드로 꽤 많은 노래를 검색할 수 있다. 이 작품들에는 뚜렷한 공통점이 있는데 바로 이별에 대처하는 여성의 자세가 굉장히 단호하고 때로는 씩씩하다는 점이다.

이러한 노래를 페미니즘과 엮어서 이야기하는 이유는 기존의 사회적 역할 속에서 정형화된 남성성과 여성성 때문이다. 이때 페미니즘적 태도는 '순종적 여성' 관념에 대항하는 것일 수도 있고, 같은 맥락에서 기존의 남성성에 대항하는 것일 수도 있다.

특히 이를 가부장적 남성이 지닌 강압적 태도와 이별을 '당하는' 여성에게 부과되는 순종적 자세에 저항하려는 의지로 해석한다면, 이러한 작품이 그리는 이별에 대처하는 자세는 페미니즘과 관련될 수 있다. 관계의 주체를 다시 규정하려는 시도이자, 타자화된 시선을 벗어나려는 것이기 때문이다.

'순종적 여성'의 이미지를 벗는 것은, 여성을 성녀/창녀로 구분하는 이분법의 틀을 깬다는 의미다. 꿋꿋하고 미련 없이 상대를 떠나보내는 여성은 수동적이고 정숙한 또는 순결한 여성이 아니며, 그렇다고 집착이나 욕망이 강해 남성을 위협하는 여성도 아니다. 주체적이고 자신의 감정을 드러낼 줄 아는 사람이다.

이별에 대처하는 페미니즘적 자세

이별에 대처하는 자세가 페미니즘과 직결될 수 있을까? 관계의 형태가 다양하듯 이별의 형태 역시 다양하다. 대차게 떠나보낼 수 없는 슬픈 사랑도 있고 잘 헤어져 좋은 관계로 남는 경우도 있다. 모든 이별 노래가 페미니즘과 관련 있지 않은 것처럼 남성을 원망하거나 이별하는 자세가 꿋꿋하다고 해서 다 페미니즘과 연관되는 것도 아니다. 그만큼 이별을 표현하는 음악 간의 온도 차는 미묘하다. 더욱이 대부분 가사가 상황보다는 감정을 표현하기 때문에, 그 온도 차를 파악하기란 쉽지 않다.

그러나 결혼과 직결되는 낭만적 사랑에 대한 믿음, 연인 간의 성역할이 뚜렷한 사랑, 남성은 '몸'으로 대변되고 여성은 '마음'으로 대변되는 이분법이 강조되는 양상은 원래 그런 것이 아니라 사회적 학습의 결과물이다. 이별에 대처하는 자세가 페미니즘과 직결될 수 있을까? 나는 '그렇다' 쪽에 좀더 무게를 두려 한다.

물론 이별하기 전에 건강한 관계를 형성하는 것이 이상적인 답안이다. 상상력을 조금만 키우면 남성성과 여성성, 몸과 마음 같은 이분법적 태도를 벗어버릴 수 있다. 관계라는 영역 안에서는 수많은 실험이 가능하다.

지금까지 남성이 기준이 되어 여성을 타자화함으로써 형성된 이미지들은 현실 속 여성의 모습에 비해 굉장히 제한적이었다. 관계에 성역할을 뒀고, 그 역할에 충실했다. 이는 연애뿐 아니라 결혼으로까지 이어졌고, 종국에는 여성은 '의존적이고 감정적인 존재'라거나 '정숙해야 한다'는 편견이 고착 되었다.

이별에 대처하는 자세 그리고 이별 전후의 상황은 크게 보면 구조적인 문제다. 연애에서 남성이 주도권을 쥔 모습은 결혼 후 남편과 아내의 불균형한 지위와 경제권의 차등을 자연스러운 모습처럼 보이게 한다. 연애에서부터 성별로 부과된 이분법적 편견을 타파하고 새로운 상상력을 불어넣는 작업이 필요하다.

'생존'을 외치는 팝 음악가들

비욘세의 「Irreplaceable」처럼 이별 후에도 자존감을 지키고 자신감 있는 태도를 보여주는 작품도 있지만, 이별 후 그 상황을 이겨내는 것, 나아가 '생존'을 이야기하는 작품도 있다.

대표적으로 글로리아 게이너Gloria Gaynor의 「I Will Survive」가 있다. 이 작품은 발매 이후 꾸준히 화제가 되었고 지금도 많은 사람이 찾는다. 그리고 세계 여성의 날 기념 행진에서도 반드시 불리는 노래이기도 하다. 글로리아 게이너는 「I Will Survive」에서 "살아남을 것이다"라고 선언한다. 이와 비슷하게 데스티니스 차일드Destiny's Child의 「Survivor」 역시 "나는 생존자다"라고 말한다. 두 작품은 네가 떠나도 나는 잘 살아갈 것이며, 살아남을 것이라는 공통적인 메시지를 담고 있다.

당장 나가, 문밖으로 꺼져
빨리 돌아서, 왜냐하면 넌 더는 환영받지 못하니까

이별하자며 날 무너뜨리려고 한 게 너 아니었니?
내가 무너질 줄 알았니? 내가 쓰러져 죽을 거로 생각했어?
난 아냐, 난 살아남을 거야

♪ Gloria Gaynor, 「I Will Survive」 중에서

그렇다면 왜 '생존'이라는 표현을 쓰는 걸까? 연애와 이별은 데이트 폭력, 이별 후 살인사건 등 여성혐오 범죄와도 관련이 있다. 물론 하나의 작품에서 이러한 맥락을 온전히 보여주기는 힘들다. 하지만 한국에서 「Because of You」로 잘 알려진 켈리 클락슨Kelly Clarkson의 「Stronger」, 크리스티나 아길레라Christina Aguilera의 「Fighter」, 데비 로바토의 「Warrior」를 보면 하나같이 전투적으로 삶에 임하는 자세가 느껴진다. 신디 로퍼의 「I'm Gonna Be Strong」도 이와 비슷한 맥락의 작품이다.

'안전이별'이라는 말이 나올 정도로, 여성들에게 이별은 안전과 거리가 멀다. 그래서 이별에 임하는 여성들의 자세가 더욱 강하고 씩씩하고 전투적이 되는 것이 아닐까. 이러한 태도는 케이티 페리Katy Perry의 「Roar」에서도 찾을 수 있다.

넌 좋은 시절 다 갔다고 생각하겠지
네가 날 떠나서 날 망쳤다고 생각하겠지
내가 너에게 돌아갈 거로 생각하겠지, 넌 날 모르는 거야
왜냐하면 넌 완전히 틀렸어

2006년 미국 플로리다에서 공연 중인
글로리아 게이너.
글로리아 게이너의 대표곡 「I Will Survive」는
이별과 '생존'을 연결한다.
연애와 이별은 데이트 폭력, 이별 후 살인 등
여성혐오 범죄와 관련되기 때문이다.

고통을 이겨내면 더욱 강해져, 더 굳건히 설 수 있고
내가 혼자라는 것이 내가 외롭다는 것을 의미하진 않거든
♪ Kelly Clarkson, 「Stronger」 중에서

'그대여, 날 떠나지 말아요' 같은 메세지를 전하는 작품은 예전부터 지금까지 꾸준히 나오고 있지만, '네가 떠나도 나는 괜찮다'는 메시지를 담은 작품도 계속 만들어지고 있다. 로빈Robyn의 「Dancing On My Own」은 제목 그대로 "네가 떠났으니 난 내 춤을 추겠다"라고 노래한다. 한국에서 유명한 팝송 가운데 하나인 앨라니스 모리셋Alanis Morissette의 「You Oughta Know」는 "네가 날 떠나도, 너는 날 알아야 한다"는 내용이다.

내가 내 삶의 주체라는 사실을 인식하는 것은 늘 중요하다. 한국 작품 가운데는, 비록 작품의 말미에 이별의 감정을 담고 있긴 하지만, 애즈 원As One의 「천만에요」가 이별 후에도 자신은 멀쩡하다는 내용이다. 더욱 멋진 작품을 듣고 싶다면 한소현의 「Go Away」를 추천한다.

그런 변명 따위 그만해
이제 울고불고 안 해
더 이상 매달리지 않아
세상에 남자는 많아
그래 너는 아니야

제발 적당히 좀 할래?
내게 아무 기대하지 마
뭐를 잘못했단 거야
♪ 한소현, 「Go Away」 중에서

이성애 스테레오타입

아쉬운 일이지만 대부분 작품은 이성애 관계를 이야기한다. 가부장적인 관점으로 이성애중심의 세상을 노래한다. 이러한 흐름에 저항하는 목소리도 나오고 있다. 이성애중심의 사고방식을 고발하는 것이다. 주로 남성이 관계에서 어떤 식으로 행동하는지 이야기하는 방식이다. 사실 팝 음악에는 '남성의 한심함'을 이야기하는 스테레오타입도 존재한다. 하지만 대부분 이별을 겪은 남성이 후회하는 형식이다. 하나를 꼽자면, 과거 인기를 누렸던 보이밴드 엔 씽크 N Sync의 「Gone」이 대표적이다. 떠나간 연인을 두고 후회하는 내용이다.

아마 내가 너무 바보라서
너에게 변화가 필요했다는 걸 눈치 못 챘나 봐
내가 했던 어떤 말 때문에 네가 돌아선 걸까
♪ N Sync, 「Gone」 중에서

힙합 신의 여성 래퍼

1980년대 후반에서 1990년대 초반의 힙합-알앤비 신에는 자신이 속한 커뮤니티 내 남성들의 허세를 비판하는 여성 음악가들이 있었다. 현재는 그런 이들을 발견하기가 어렵다. 과거에는 발표된 작품의 10퍼센트 정도가 그러한 메시지를 담고 있었다. 솔트-앤-페파Salt-N-Pepa, 퀸 라티파Queen Latifah 등이 그러한 작품을 만들었다. 가장 대표적인 인물은 최초로 정규 앨범을 발표한 여성래퍼이자 힙합 신 최초의 페미니스트 엠씨 라이트MC Lyte다.

1988년에 발표한 엠씨 라이트의 데뷔 앨범 『Lyte As A Rock』에는 페미니즘 메시지가 많이 담겨 있다. 이후 힙합 신에서는 그러한 메시지를 찾기가 힘들어 아쉬웠는데, 최근 엠씨 라이트가 흑인사회 내에서 '여성 간 임파워링'을 이야기하기 시작했다.

데뷔 앨범의 수록곡 가운데 「I Cram To Understand U」는 거리를 전전하는, 별 볼 일 없는 자신의 애인을 한심하다는 듯 가차 없이 비난하는 작품이다. 「Paper Thin」에서는 자신의 옛 애인을 가볍게 이야기하면서도 그 안에 묵직한 메시지를 담아냈다. 남성이 여성을 이용하고 학대하고 거짓말할 때의 태도를 꼬집은 것이다.

여성 래퍼들은 놀랍게도 1980년대부터 지금까지 꾸준히 주체로서 여성의 목소리를 냈는데, 지나치게 공격적·상업적이었던 1990년대를 제외하면 그 메시지는 늘 의미 있었다. 퀸 라티파는 「U.N.I.T.Y.」 같은 작품에서 흑인여성의 연대를 강조했고, 솔트-앤-페파는 최초의 여성 랩 그룹으로서 존재감을 드러내며 흑인사회의 남성에게 경고의 메시지를 보내는 등 강하고 멋진 여성으로서의 모습을 선보였다. 솔트-앤-페파는 오랜 시간 그룹의 정체성을 유지하며 여전히 활동하고 있다.

2010년대에 니키 미나즈^{Nicki Minaj}가 있다면 2000년대에는 미시 엘리엇^{Missy Elliott}이 있었다. 미시 엘리엇은 커리어 초기였던 1990년대부터 여성혐오와 호모포비아에 맞서는 가사를 선보였다. 여성이 올바로 설 것과 있는 그대로의 자신을 사랑할 것을 이야기했고, 작사, 작곡, 프로덕션 등 작품 제작의 모든 영역을 자신이 주도했다.

실제로 미시 엘리엇은 미디어의 편협한 기준에서 벗어나는 모습이었다. 미디어는 여성 래퍼에게 '보이시하면서도 섹스어필'하는 이미지를 씌웠다. 1990년대 중후반에 등장해 많은 인기를 모았던 릴 킴^{Lil Kim}과 폭시 브라운^{Foxy Brown}이 섹스어필을 강조하면서 그러한 이미지가 더욱 굳어졌다. 그러나 미시 엘리엇은 큰 체구에 항상 트레이닝복을 입었다. 자유분방하고 개성 있는 모습이었지만, 미디어가 만든 여성 래퍼의 이미지와는 많이 달랐다. 그래도 그는 언제나 자신을 사랑했으며 성별, 섹스에 관해서도 긍정적인 이야기를 해왔다. 장르의 선구자 역할을 하면서도 과거의 방식 대신 자신만의 스타일로 메시지를 던졌고 작품의 완성도 또한 높았다. 성차별주의에 반대하는 가사는 물론이고, 세계적인 히트곡이었던 「Work It」에서는 "부끄러운 게 아니야, 할 일을 하자고, 게임에서 앞서 있으면 돼"라는 가사를 선보이며 성노동에 관한 기존의 인식을 깼다. 그는 자신이 성폭행과 가정폭력의 피해자임을 밝히기도 했다.

미시 엘리엇은 2000년대 팝 음악과 힙합 음악에서 가장 중요한 인물로 꼽힌다. 여성 랩의 패러다임을 바꿨다고 해도 과언이 아닐 정도로 독보적인 톤과 랩 구성 그리고 프로덕션 능력까지 갖춘 완성형 싱어송라이터다. 1990년대부터 활동했으며 2001년부터 2003년까지 연달아 발표한 『Miss E... So Addictive』『Under Construction』『This Is Not a Test!』로 세계적인 성공을 거두었다. 주로 춤추기 좋은, 신나는 작품을 만들었고 2000년대 초반에 팝과 힙합이 결합하는 과정에서 접점으로서의 역할도 했다.

여자들이 영혼을 파는 건 바보 같은 짓이야, 그건 소중한데

이처럼 여성 페미니스트 래퍼는 세상에 꾸준히 존재해왔다. 독보적인 여성 래퍼로서 오랫동안 군림한 니키 미나즈는 여러 인터뷰에서 페미니즘의 메시지를 던졌지만 스스로 페미니스트라고 선언하는 데에는 주저하는 모습을 보였다. 하지만 시간이 지나면서 자신의 일이나 방식에 자신감을 얻었고 대부분 팬덤이 여성인 점을 인식해 그들과 임파워링을 외치는 등 긍정적인 방향으로 변하고 있다.

TLC의 「No Scrubs」나 로린 힐Lauryn Hill의 「Doo Wop」 역시 그들이 속한 커뮤니티 내 남성들의 태도를 비판한다. "넌 답답해, 한심해"라고 말하는 전형적인 작품과는 다르다. 특정 커뮤니티 내에서의 경험을 기반으로 젠더권력과 그것이 작동하는 현실을 짚어냈다. 이를 특정한 개인의 경험으로만 치부할 수 없다. 시공간이 다른 오늘날 한국에서 이야기해도 유효할 만큼 보편성이 있다.

> 친구야, 최소한 존중이라는 게 있어
> 그 자식은 형편없이 구는데 넌 아직도 그를 방어해
> 나 로린도 그저 한 명의 사람일 뿐
> 똑같은 괴로움을 겪어보지 않았다고 생각 마
> 필라델피아의 100만 여성의 행진처럼, 네 머릿속에 넣어둬
> 여자들이 영혼을 파는 건 바보 같은 짓이야, 그건 소중한데
> ♪ Lauryn Hill, 「Doo Wop」

'더 푸지스'The Fugees라는 힙합 그룹의 일원으로 그래미 어워드에서 수상하는 등 성공적으로 음악 활동을 시작한 로린 힐은 이후 1998년에 발표한 『The Miseducation of Lauryn Hill』로 솔로 활동에 도전했다. 이 앨범은 미국 힙합 신의 패러다임을 바꿨으며, 아직도 많은 사람이 힙합 역사에서 손꼽히는 명반이라고 평가한다. 이 앨범은 힙합 신뿐 아니라 알앤비 신에서도 분명한 전환점이 되었다. 알앤비에서는 소울 음악의 장점을, 힙합에서는 1980년대 올드스쿨 음악의 장점을 가져오는 동시에, 레게리듬을 자연스럽게 녹여내 자신의 뿌리와 정체성을 공고히 했다. 또한 장르적 시도에 그치지 않고 기존 힙합 신의 주제의식을 뒤엎는 가사로 많은 사랑을 받았다. 그 가운데 하나가 바로 첫 싱글 「Doo Wop」이다. 이 작품은 듣기 편안한 악기와 멜로디로 구성되어 있지만 단순히 귀를 즐겁게

2014년 캐나다 토론토에서 공연 중인 로린 힐.
로린 힐이 작품으로 전하는 메시지,
즉 물질적인 것에 치중하지 말 것,
자기 행동에 책임질 것,
자기 욕망을 위해 타인에게 상처 주지 말 것,
내면을 돌볼 것 등은
오늘날에도 여전히 유효하다.

하는 작품은 아니다.

작품의 메시지는 굉장히 명료하다. 물질적인 것에 치중하지 말 것, 가볍게 행동하지 말고 자기가 한 행동에 책임질 것. 이 작품이 보여주는 사람들은 하룻밤에 목맨 채 자기 욕망을 위해 타인에게 상처를 주거나, 센 척하고 겉멋에 치중하며 내면을 돌보지 않는다. 로런 힐이 비판하는 이들은 불행하게도 여전히 우리 곁에 있고, 그래서 이 작품의 메시지는 오늘날에도 유효하다.

미러링과 커밍아웃

여성 음악가가 아예 '남성의 모습'을 자칭하며 비판하는 경우도 있다. 가장 대표적인 두 작품은 시애라의 「Like A Boy」와 비욘세의 「If I Were A Boy」다. 씨애라는 "그들처럼 쓰레기도 버리고, 돈도 벌고, 바람도 피우고, 거짓말도 하며, 새벽에 몰래 다니자"라고 이야기한다. 비욘세 역시 "그들처럼 자유롭게 살고 순종하는 여성을 데리고 살겠다"라고 말한다.

> 만약에 내가 다른 사람을 만나고, 널 울게 한다면
> (성별) 역할을 바꿀래, 아니면 그렇게 살래
> 만약 내가 널 장난감처럼 가지고 논다면
> 가끔 나는 내가 남자이길 바라
> ♪ Ciara, 「Like A Boy」 중에서

물론 이들이 말하는 남성이 모든 남성을 대표는 건 아니라고 반박할 수 있겠지만, 이러한 내용의 작품이 왜 여럿 나왔는지는 깊이 생각해볼 일이다. 한국에서도 박지윤의 「난 남자야」 같은 작품이 인기를 끌었다는 점도 고려해보자.

넌 그녀의 얘기를 듣지 않고,
그게 얼마나 상처가 되는지 신경도 안 쓰지
네가 아끼던 누군가를 잃기 전까지 말이야
왜냐하면 넌 그녀를 당연하게 여겼고
네가 가진 모든 게 무너졌으니까
하지만 넌 그냥 남자일 뿐이야
♪ Beyoncé, 「If I Were A Boy」 중에서

시간이 지나면서 커밍아웃 한 팝 음악가가 속속 등장했다. 이들은 다양한 작품에서 자신이 이성애와는 다른 모습의 관계를 맺는 사람이라는 걸 전한다. 샘 스미스^{Sam Smith}, 프랭크 오션^{Frank Ocean}처럼 세계적으로 유명한 스타부터 슈라^{Shura}, 시드^{Syd} 등 핫한 신인 음악가까지 자신의 성정체성을 공개한 이들이 제법 많아졌다. 샘 스미스는 어린 시절 게이라는 이유만으로 괴롭힘 당했던 이야기를 MTV와의 인터뷰에서 꺼냈으며 이후에도 자신의 성정체성에 관해 꾸준히 이야기하고 있다. 최근 많은 사랑을 받는 트로이 시반^{Troye Sivan}도 커밍아웃한 팝 음악가인데, 꾸준히 퀴어의 권리를 주장하는

가 하면 「Youth」를 비롯한 몇 작품의 뮤직비디오에서 자신의 연애를 비주얼로 선보이기도 했다.

내 젊음은 너의 것, 달아나자 지금부터 영원히
진실은 너무 커서 넌 무시할 수 없어
♪ Troye Sivan, 「Youth」 중에서

나는 팝 음악시장에서 다양성과 상상력 그리고 관용의 정신을 키울 수 있다고 생각한다. 많은 사람이 팝 음악을 들으며 다양한 방식의 관계를 상상한다면 얼마나 좋을까. '튄다'는 수식어가 붙는 레이디 가가를 비롯해 수많은 팝 스타가 살아가는 방식에 관한 상상의 폭을 넓혀주고 있다. 한 사회가의 포용력과 상상력을 키워가는 과정인 것이다.

흑인사회의 동성애 금기

흑인사회에서 동성애는 일종의 금기인 동시에 비난과 거부 그리고 편견의 대상이었다. 최근 몇 년간 이러한 분위기에 반발하고 균열을 내기 위한 움직임이 커졌지만, 얼마 전까지만 해도 동성애는 흑인음악이 쉽게 표현하지 못하는 화두였다. 2012년 전후부터 현재까지 흑인사회에서 동성애 비하 또는 차별에 반대하는 움직임이 이어지고 있으며, 그 한가운데에는 알앤비 음악가 프랭크 오션이 있다.

그렇다면 유독 흑인음악에서 동성애가 금기시된 이유는 무엇일까. 우선 가장 큰 이유는 기독교의 영향이다. 교파에 따라 견해가 약간씩 다르지만 기독교의 주류 교파는 성경이 동성애를 죄로 규정한다며, 동성애 차별을 정당화하곤 한다. 신의 말씀을 옮긴 성경에 반하는 행위이므로 금기라는 것이다.

흑인사회에서 기독교가 차지하는 비중은 제법 크다. 가스펠 음악을 자신들의 것으로 만든 역사를 봐도 알 수 있듯이, 교회는 흑인

사회에 많은 영향을 미치고 있다. 미국사회에서 동성결혼이 이슈가 되면서 현재 흑인교회에선 신학적 보수주의와의 충돌이 끊임없이 일어나고 있다. 당연히 동성애는 죄악도, 금기도, 질병도 아니다. 모든 기독교인이 동성애자의 존재를 거부하거나 배타적으로 여기는 것도 아니다.

흑인 음악가의 첫 번째 커밍아웃

흑인음악이 흑인사회의 이러한 분위기와 생각을 따라가는 것은 당연하다. 여기에 더해 흑인음악 내에서 '남성성'은 일종의 '진정성' 같은 역할을 했다. 래퍼들뿐 아니라 알앤비 음악가들도 자신의 남성성을 강하게 주장했고 또 그것을 입증하기 위해 노력했다. 그래서 남성 음악가들은 남성성이 강하지 않으면 '가짜'라고 비난받는다. 동성애자에 대한 폄하도 이러한 맥락에서, 즉 그들이 남성답지 않다는 이유로 시작된다.

종교 이야기를 먼저 꺼낸 이유는 소개할 작품의 제목이 「Bad Religion」이기 때문이다. 이 작품은 미국의 알앤비 음악가 프랭크 오션의 첫 앨범 『Channel Orange』에 수록된 작품이다. 앨범은 대부분 평단에서 극찬을 받았다. 여러 매체에서 모든 장르를 통틀어 그해 최고의 앨범 가운데 하나로 꼽기도 했다. 판매량이나 차트 성적도 좋았다. 말 그대로 평단과 대중 모두에게 사랑받았다. 이 앨범은 기존의 대중적인 알앤비를 벗어난 스타일의 작품들로 채워져 있다. 팝 음악에 친화적인 기존 알앤비와는 전혀 다르게 다양한 장르의 요소를 차용하고, 좀더 극적인 요소와 스토리를 다룬다. 그러한 이야기의 토대가 된 것은 프랭크 오션의 실제 삶이다.

그의 삶 한 부분에는 게이로서의 삶이 있다. 그는 앨범 발매를 앞두고 "남자와 사랑한 적 있다"라고 말하며 커밍아웃했다. 메이저 흑인음악시장에서 동성 간의 관계를 고백한 첫 번째 사례다. 이는 팝 음악시장과 흑인사회 내에 엄청난 파장을 불러왔고, 많은 아티스트가 이와 관련된 발언을 했다. 물론 그 이전에도 팝 음악 내 존재하는 호모포비아에 대해 비판적인 견해를 보였던 사람들은 있었다. 그들은 프랭크 오션의 커밍아웃을 응원하고 격려했다. 반대로 여전히 동성애를 비하하는 사람들도 존재했다. 그렇게 흑인음악 안에서의 '동성애 비하' 문제는 '동성결혼' 이슈와 맞물리며 함께 가시화될 수 있었다.

『Channel Orange』에는 자신의 이야기를 토대로, 같은 성별인 사람을 사랑하는 이야기가 곳곳에 자리한다. 지금 소개하는 작품도 그런 작품 가운데 하나다. 「Bad Religion」의 첫 부분은 택시 기사에게 자신의 이야기를 들어달라고 하소연하는 장면으로 시작한다. 후렴구에서 주인공은 자신의 사랑을 사이비 종교나 자살 행위, 또는 불가능한 것으로 여긴다. 그러면서 죽음까지 감내할 수 있는 사랑이지만 끝내 이루어지지 않을 것임을 말한다. 이어지는 구절에서는 내적 갈등이 더욱 심화된다. 이성애, 동성애, 양성애Bisexual라는 세 가지 정체성을 꺼내며 그것이 목숨과 연결되어 있다면서 "내 진짜 정체를 말해줄 순 없어요. 아무도 못 믿거든요"라고 말한다.

2012년 미국 코첼라에서 공연 중인 프랭크 오션.
프랭크 오션은 최초로 커밍아웃한 흑인 음악가다.
동성애를 터부시하고
조롱하는 흑인사회의 특성상
그의 커밍아웃은 굉장히 용기 있는
행동이 아닐 수 없다.

이 작품은 "널 절대 사랑하지 않을 사람과 사랑에 빠진다는 것은 나쁜 종교야. 알아, 나쁜 종교만이 내게 이런 기분을 줄 수 있지"라는 가사로 끝난다. 결국 일차적으로 '나쁜 종교'는 이루어질 수 없는 사랑을 이야기하지만, 동시에 흑인사회 내에서 종교(기독교)가 동성애를 바라보는 방식은 비판하는 것이다.

앨범의 다른 수록곡 「Forrest Gump」에서는 남성과 사랑에 빠지는 이야기를 들려준다. 이 앨범에 수록되진 않았지만 「We All Try」라는 작품에서는 "결혼이란, 남자와 여자 사이에 있다고 믿지 않아, 사랑과 사랑 사이에 있다고 믿어"라는 가사가 나온다.

프랭크 오션은 주로 슬픈 노래 속에 많은 이야기를 퍼즐처럼 구성하면서 자신의 복잡한 생각을 담아냈다. 그것이 가사에서 느낄 수 있는 그의 매력이다. 앞으로의 음악적 행보 그리고 프랭크 오션이 자신을 표현하는 모습 모두에 지지를 표한다.

누가 너의 영혼을 구원할까

한 사람이 지니고 태어난 조건만으로 차별당하는 일은 사라져야 한다. 그 조건으로는 인종, 성별, 장애 등이 있다. 이번에 이야기할 작품은 그 가운데 몇 가지를 담고 있다. 바로 주얼Jewel이라는 가수의 「Pieces of You」라는 작품이다. 주얼은 포크, 컨트리 음악을 주로 선보이는 음악가다. 한국인에게는 생소하지만 스물한 살이던 1995년에 데뷔해 지금까지 여덟 장의 정규 앨범을 낸 데뷔 20년차 가수다. 데뷔 앨범은 미국에서만 1,200만 장이 팔리며 크게 성공했다. 잠깐 팝 음악을 시도했으나, 자신의 색이 잘 묻어나는 포크, 컨트리 음악을 다시 선보였다. 독특하게 어린이를 위한 앨범도 두 장 발표했는데, 최근에는 컨트리 음악으로 방향을 완전히 돌린 듯하다.

주얼은 데뷔 전 미국 알래스카에서도 수도와 전기 시설이 제대로 갖춰지지 않은 거의 오지 같은 데서 살았다. 어찌나 환경이 열악한 지역인지 다큐멘터리로 다뤄졌을 정도다. 그는 바bar와 펍pub에서 노래하며 생계를 유지했던 아버지 덕분에 노래를 어릴 적에 배왔다. 미국을 돌며 길거리 공연을 하던 중에 음반 회사의 눈에 띄어 기회를 얻었고, 데뷔 앨범 『Pieces of You』를 발표한다. 처음에는 회사의 협조나 도움을 전혀 받지 못했는데 그래서 직접 발로 뛰며 홍보하기 시작했다. 앨범을 낸 후에도 그는 계속 길거리 공연을 이어갔고, 그 과정에서 입소문을 타고 점점 알려졌다. 결국 첫 싱글 「Who Will Save Your Soul」이 발매되고 난 후, 폭발적인 반응을 얻게 된다. 『Pieces of You』는 캐나다와 호주에서도 큰 성공을 거둔다.

개인적으로 이 앨범이 크게 성공한 것은 굉장한 일이라고 생각한다. 성차별, 외모지상주의, 호모포비아 등 꽤 정치적인 이야기들을 다루고 있기 때문이다. 앨범과 제목이 같은 작품 「Pieces of You」 역시 그렇다. 가사는 외모가 못생겼다는 이유로, 또는 예쁘다는 이유로 당사자를 미워하거나 가해해도 괜찮은지, 또 그가 동성애자이거나 유대인이라는 이유로 싫어해도 괜찮은지 묻는다. 그러나 어떤 이들은 이러한 가사를 오독한다. 이 작품이 동성애자를 차별한다고 해석하는 것이다. 아마 이 작품에서 게이를 비하하는 단어인 'Faggot'이 등장하기 때문인 듯하다. 하지만 작품의 전체적인 맥락이나, 주얼이라는 아티스트를 조금이라도 아는 사람이라면 그렇게 해석하지 않을 것이다.

그는 스스로를 페미니스트라고 이야기한다. 이 작품을 발표하기 전 그는 자신의 정형화된 사고 틀을 깨는 다양한 사건을 겪는다. 성소수자 친구들을 만나고 그들과 생활하는 과정에서 여성으로서 살아가는 것에 대한 생각을 정리했다고 이야기한다. 그는 자신의 생

2016년 미국 로스앤젤레스에서 공연 중인 주얼.
주얼은 포크, 컨트리 음악을 주로 선보이는 음악가다.
스스로를 페미니스트라고 말하는 그는
성소수자들과 친구가 되고 함께 생활하면서
여성으로서의 삶을 생각해보았다고 한다.

각을 서슴없이 표현한다. 주얼은 현재 노숙인을 위한 사회적 활동을 펼치고 있다. 앞서 언급한 어린이를 위한 앨범도 비슷한 맥락에서 발표한 것이다. 이처럼 주얼은 다양한 사회문제에 관심을 보이며 적극적으로 활동하고 있다.

그들이 당신의 일부이기 때문에 싫어하는가

「Pieces of You」는 "그들이 당신의 일부이기 때문에 싫어하는가"라는 질문을 던진다. 여기서 '당신'은 하나의 커뮤니티나 사회를 뜻한다. 결국 사회가 정형화된 이미지에서 벗어난다는 이유만으로 사람을 차별해도 되는지를 묻는 것이다.

주얼의 데뷔 앨범은 대부분 자작곡으로 채워져 있다. 기타 연주가 바탕이 된 포크 록 작품들은 그 의미와 분위기가 긴밀하게 맞닿아 있다. 특히 현실적인 가사를 섬세하게 풀어내는 것은 포크만이 지닐 수 있는 정서다. 좋은 작품이 미디어의 기획이 아닌 대중의 힘으로 성공했기에 지금도 『Pieces of You』는 큰 의미를 지닌다. 앨범 수록곡 전체의 가사를 천천히 음미하면서 들어보는 것도 추천한다. 앨범 커버에 적혀 있는 '우리가 인간의 자연이라고 부르는 것은 실제로 인간의 습관이다'what we call human nature in actually is human habit라는 문구가 다시금 눈에 들어올 것이다.

16 힙합이 다 '그런' 것만은 아니다

드 라 소울

힙합 음악에는 수많은 갈래와 맥락이 있다. 그중에서도 '컨셔스 힙합'Concious Hiphop 은 정치적·사회적 메시지를 담아낸 힙합의 하위 분류다. 1980년대 후반부터 1990년대 초반까지 뉴욕을 중심으로 형성된 컨셔스 힙합은 특이하게도 음악적인 측면이 아니라 가사의 측면에서 장르가 나뉘었다. 흔히 인디 음악이라 부르는 인디펜던트 음악에서 찾아볼 수 있는 경우다. 현재도 꾸준히 발표되고 있으며 주류 음악보다 메시지에 신경을 쓰는 만큼 좋은 작품이 많다. 컨셔스 힙합은 겉으로 드러나는 미국사회의 문제들을 지적하기도 하지만, 흑인사회 내에서 드러나지 않는 문제들도 꺼내놓는다.

이번에 이야기할 작품은 힙합 그룹 드 라 소울De La Soul의 「Millie Pulled a Pistol on」이다. 드 라 소울은 2018년에 데뷔 30년을 맞이했는데, 여전히 투어를 도는 등 장수하고 있다. 세 명의 멤버로 구성되어 있으며, 각자 이름이 있지만 플러그Plug 1, 2, 3이라는 별칭으로 불린다. 이들은 같은 지역 출신으로 고등학교 때 그룹을 결성했다. 1989년에 데뷔 앨범 『3 Feet High and Rising』이 많은 판매고를 기록함과 동시에 호평을 받으며 성공적으로 신에 등장했다. 최근에는 무료로 모든 작품을 공개하기도 했다.

「Millie Pulled a Pistol on Santa」는 이들의 두 번째 앨범 『De La Soul Is Dead』에 수록된 작품이다. 이 앨범은 다양한 주제를 다룬다. 드 라 소울은 히피나 주류 힙합의 이미지를 벗어나려 했다. 공격적인 이미지 역시 원치 않았다. 그래서 이 앨범에는 드 라 소울이 성공하자 그들에게서 뭔가를 얻으려는 사람들의 이야기부터 파티에 관한 신나는 이야기까지 가볍고 무거운 주제가 혼재한다. 가상인물이 여럿 등장한다는 특징도 있다. 드 라 소울은 각 인물의 캐릭터를 추상적으로 묘사하거나 복잡하게 설명하지 않고 명료하게 이야기해 곧바로 서사의 핵심으로 끌어들인다.

「Millie Pulled a Pistol on Santa」도 어느 정도 실화에 기반하지만 가상인물들이 등장한다. 작품에는 밀리^{Millie}라는 아이가 나온다. 필라델피아에서 브룩클린으로 건너 온 여자아이이다. 아이의 아버지 딜런^{Dillon}은 사회복지사다. 이때 래퍼는 분노조절장애가 있는 또 다른 인물로 분(扮)하는데, 장애 때문에 사회복지사인 딜런과 함께 있게 된다. 래퍼는 밀리가 마음에 들어 잘해보려는 와중에 그가 아버지에게 성적 학대를 당하고 있다는 사실을 알게 된다.

밀리는 커뮤니티에 잘 적응했지만, 딜런에게 성적 학대를 당하기 시작한 뒤로 늘 괴로워한다. 그러나 누구에게도 말하지 못한다. 증거를 구할 수 없을뿐더러 아버지 딜런은 커뮤니티 전체에서 존경받는 사람이기 때문이다. 딜런은 크리스마스 시즌에 백화점에서 산타로 분장해 선물을 나눠주는 봉사활동을 하기도 한다. 그래서 또 다른 래퍼는 딜런이 성범죄자라는 사실을 믿지 않는다.

딜런은 밀리를 성적으로 괴롭히는 것으로도 모자라 감시하고 때리기까지 한다. 밀리는 결국 학교에 나오지 못하는 지경에 이른다. 밀리는 아버지를 죽이기로 결심하고 어렵게 총을 구해 백화점으로 향한다. 그리고 산타로 분장한 딜런을 쏘아 죽이면서 작품은 끝난다.

이 작품의 길이는 4분에 불과하지만 조급하거나 가볍지 않다. 굉장히 자세하게 상황을 전달한다. 긴장감을 조성하는 악기 연주 사이에 랩의 미덕을 살리며 이야기를 풀어나가는 것이 인상적이다. 산타를 향해 총을 뽑았다는 제목도 이야기를 함축적으로 설명하고 있다. 커뮤니티에서 산타는 명망 있고 존경받는 사람이지만, 그 이면을 들여다보면 자기 딸을 끊임없이 괴롭히는 괴물 같은 존재인 것이다.

그래, 그 (자원봉사를 하던) 산타는
딜런(밀리의 아버지)과 같은 사람처럼 보이겠지
하지만 밀리와 그가 집에 도착했을 때, 그는 악마였어
밀리가 잘 때 그는 침실로 들어와 괴롭히고
구강성교를 강요했지
밀리는 이런 일이 일어나지 않게 (벗어나려고) 엄청 노력했지만

2008년 스위스에서 공연 중인 드 라 소울.
드 라 소울은 데뷔 30년이 넘은 장수 힙합 그룹이다.
정치적·사회적 메시지를 던지는
컨셔스 힙합을 추구한다.
가상의 인물을 등장시켜 이야기를 풀어내는
작품이 많다.

밀리가 소란스러울 때 그는 그저 때렸을 뿐이야
(이봐 딜런, 밀리가 학교에 며칠 안 나왔는데 무슨 일이야?)
내 생각에 그는 밀리의 타박상을 치료할 시간을 번 것 같아
물론 그는 우리에게 밀리가 아프다고 말했고
모두 그의 말을 믿었지
그리고 백화점에서 산타를 볼 수 있었어
♪ De La Soul, 「Millie Pulled a Pistol on Santa」

힙합 음악의 사회비판

힙합 음악은 사회비판적인 목소리를 내는 저항의 성격을 지니는 한편, 파티의 흥겨운 분위기나 자기과시의 모습 역시 함께 담아왔다. 물론 「Millie Pulled a Pistol on Santa」는 사회비판적인 이야기를 하는 쪽에 속한다. 드 라 소울은 데뷔 때부터 흑인사회의 가난과 폭력 등의 문제를 다뤘다. 비교적 중산층에 속해 있었기 때문에 이러한 주제를 꺼내는 것조차 논란이 되었지만, 이들은 세상이 조금이라도 바뀌길 희망했다.

미네소타의 인디 힙합 듀오 앳모스피어^{Atmosphere}가 「Millie Pulled a Pistol on Santa」의 후속곡을 내기도 했다. 2009년에 발표된 「Millie Fell Off the Fire Escape」라는 작품인데, 밀리가 이후에 비참한 죽음을 맞이하게 된다는 이야기를 담았다. 그러면서 사회 안전망의 부재를 지적하며 밀리와 같은 상황 속에 놓인 아이가 겪는 험한 현실을 그려낸다.

이처럼 후배 래퍼들이 오마주 작업을 할 정도로 드 라 소울의 가사 수준은 힙합 역사에서 손꼽히는 정도다. 음악적으로도 다양한 악기를 사용하고, 다양한 장르를 결합하는 등 굉장히 멋진 모습을 선보였다.

시간을 과거로 한참 돌리면 좋은 작품들이 제법 나온다. 최초의 여성 랩 그룹인 솔트 앤 페파나 최초의 여성 솔로래퍼 엠씨 라이트는 흑인사회의 남성성을 비판하는 가사를 쓰기도 했다. 앞서 언급한 드 라 소울 외에 전설적인 남성 랩 그룹인 어 트라이브 콜드 퀘스트A Tribe Called Quest, ATCQ도 사회문제를 짚어내는 과정에서 자신들이 지닌 문제점, 즉 래퍼들을 포함한 남성들의 지나친 자기과시와 공격적인 성격을 비판했다.

단순하게 보이는 최근 힙합, 여전히 복잡한 속내

최근 몇 년 사이 힙합은 자기과시의 성격이 더욱 심해졌다. 힙합의 필수 요소였던 엠씨래퍼, 디제이, 비보이, 그래피티Graffiti, 벽에 하는 낙서는 이제 돈, 여자, 차, 총 등의 요소로 바뀌었다. 특히 우리가 많이 접하는 빌보드 차트의 음악이 더욱 유치해지고 있기 때문에, 많은 사람이 힙합 전체가 남성우월주의로 점철되어 있다고 생각한다. 저항의 음악은 거리의 음악으로, 거리의 음악은 클럽의 음악으로 변했다. 지금의 젊은 아티스트들은 쿨하고 세련된 태도로 의미보다는 매력을 먼저 찾는다. 그것을 꼭 나쁘다고 할 수는 없지만, 분명히 아쉬운 점이 많다. 사유의 폭이 좁아지고 시간적 여유가 줄어들면서 사람들은 자신이 하는 말을 점점 더 신경 쓰지 않는다. 뭐든 빠르게 판단하고, 빠르게 결론짓는다. 그러다 보니 가사의 내용도 비슷하다. 과거에는 각각의 힙합 작품이 하나의 이야기 흐름과 주제 의식을 담고 있었다면, 요즘은 단순한 자기과시가 대부분이다. 예전에나 힙합을 시에 비유했지, 지금은 민망한 작품이 많다.

힙합의 변화는 시대의 변화를 반영한 것이다. 2000년대 이후 힙합 음악이 빌보드 전체 차트에서 그리고 미국 전역에서 성공을 거두면서 힙합은 '거리의 목소리'를 내는 음악에서 잘나가는 사람들의 자랑 대회가 되었다. 돈을 잘 벌게 된 사람들은 더는 가난에 대해 이야기하지 않는다. 대부분 갑자기 돈을 많이 벌었기 때문에 '내가 거지같이 생활하다가 여기까지 왔어'라는 성공담이 주요 주제가 되었다.

바로 이전 시기 그러니까 1990년대 전후에는 길거리에서 불법을 저지르며 돈을 버는 것이 주요 주제였다. 이 역시 당시 미국사회의 모습을 반영한다. 1984년부터 1990년대까지 미국 대도시에서 마약 소비가 늘면서 범죄가 급증했다. 아직도 많은 래퍼가 비판하는 로널드 레이건$^{Ronald Reagan, 1911-2004}$이 대통령으로 재임하던 시기다. 당시 미국은 감세 정책과 친기업 정책으로 빈부격차가 더욱 심해졌다. 그러면서 지하경제가 활성화된 셈이다. 힙합에서도 포주, 갱단, 마약상 같은 주제가 많이 등장했고, 남성우월주의적인 성격이 강해졌다.

이러한 상황에서도 컨셔스 힙합은 명맥을 유지하고 있다. 엘피$^{티-}$

P와 킬러 마이크^{Killer Mike}가 결성한 팀인 런더주얼스^{Run The Jewels}가 가장 대표적이다. 특히 킬러 마이크는 2016년 미국 대선에서 후보로 나선 버니 샌더스^{Bernie Sanders}를 강하게 지지했고, 실제로 여러 차례 지지 연설을 했다. 그러나 런더주얼스 역시 남성우월주의적이고 공격적인 가사를 담고 있다는 점에서 아쉽다는 평가를 받는다.

힙합 음악은 한두 가지의 특징만으로 전체를 보여주기 어렵다. 힙합은 우선 음악이라기보다는 특정 문화나 태도를 지칭하는 단어다. 힙합 안에는 랩뿐 아니라 비보이, 그래피티, 디제이 등이 포함되어 있다(앞으로 SNS에서 만들어지는 문화도 포함될 것이다). 그러한 문화에서 형성되는 음악이 하나의 카테고리로 묶이면서 힙합이라는 장르가 생겨난 것이다. 힙합이라는 장르는 랩과도 혼동된다. 랩은 힙합이 지니고 있는 표현 방식이다. 이러한 랩을 하나의 장르로 구분하다 보니 혼동이 더욱 커진 듯하다. 정리하자면 힙합은 음악 장르 이상의, 문화를 가리키는 큰 갈래라고 볼 수 있으며 랩은 보컬과 같은 하나의 표현 방식이다. '힙합'은 패션, 언어, 태도 등을 모두 담아내는 큰 우주인 셈이다.

17 공권력의 폭력, 저항하는 음악

아마두 디알로 사건

'아마두 디알로 사건'은 1999년 2월 4일 뉴욕 경찰이 아마두 디알로Amadou Diallo, 1976-99가 지갑을 꺼내려던 것을 총을 꺼내는 것으로 오인하고 총격을 가해 살해한 사건이다. 경찰은 총 41발을 쐈는데 그중 19발이 명중했다. 당시 23세였던 피해자는 평범한 시민이었다. 단지 그의 피부색이 조금 검을 뿐이었다.

아마두 디알로는 아프리카 기니 출신으로 아버지를 따라 각국을 돌아다니다 1996년 뉴욕에 정착했다. 그는 공부하고 싶었지만 학교에 가지 못했다. 공식적인 체류 기간이 끝났기 때문이다. 대신 그는 낮에 일하고 밤에 공부했다. 사건 당시 그는 식사를 끝내고 집 근처에 서 있었을 뿐이다. 경찰들은 그의 인상착의가 성범죄 용의자와 비슷하다고 판단했다. 아마두 디알로는 지갑을 꺼내기 위해 호주머니를 뒤졌지만 경찰 가운데 한 명이 "Gun!"이라고 소리쳤고 이후 무차별한 총격이 가해졌다.

『오스카 그랜트의 어떤 하루』

'오스카 그랜트 사건'은 2009년 1월 1일 지하철에서 일어난 소란 때문에 경찰들이 시민들을 강제로 연행하는 과정에서 일어났다. 경찰들은 과잉진압이라고 항의하는 오스카 그랜트[Oscar Grant, 1986-2009]를 총으로 쏴 죽였다. 가해자는 베이 에어리어 고속철도[BART] 소속의 경찰들이었고, 피해자는 평범한 시민이었다. 단지 그의 피부색이 조금 검을 뿐이었다.

샌프란시스코 근교에 사는 스물두 살의 오스카 그랜트는 2008년 12월 31일 들뜬 마음으로 새해를 준비하고 있었다. 생일을 맞은 엄마를 위한 선물도 준비하고 여자친구와 예쁜 딸과도 좋은 시간을 보냈다. 그는 친구들, 가족들 그리고 새로운 사람들과 만나면서 2018년을 기분좋게 마무리하고 있었다. 하지만 그는 점점 무언가 어긋나고 있음을 느꼈다. 그리고 새해 첫날 후르트베일 지하철역에서 경찰관에게 살해당했다.

아마두 디알로 사건이 일어난 지 10년이 넘게 지났지만 달라진 것은 없었다. 오스카 그랜트가 사망한 이후에도 비슷한 사건들이 계속되었다. 인종차별 그리고 시민권 보장의 문제는 현재진행형이다.

오스카 그랜트 사건은 영화로 만들어졌고, 아마두 디알로 사건은 음악으로 만들어졌다. 영화 「오스카 그랜트의 어떤 하루」[Fruitvale Station]를 짧게 소개하면, 인물의 감정을 무게 있게 전달하면서 사건 자체를 충실하게 구성한다. 낮은 계층의 삶을 보여주고 시위 장면 등을 추가해, 그들이 겪는 차별의 심각성을 고민하게 한다. 영화는 실화를 각색해 드라마로 바꾸기보다는 사실을 충실히 재현하고 사건의 맥락을 드러낸다. 핸드헬드카메라Hand-Held Camera, 따로 고정하지 않고 손으로 직접 들고 찍는 카메라를 사용해 촬영한 영상과 각종 자료화면은 다큐멘터리의 느낌을 주는 동시에 오스카 그랜트의 실제 삶이 지닌 무게감을 있는 그대로 전달한다.

이렇게 내버려 두어서는 안 된다

아마두 디알로 사건을 토대로 만들어진 음악으로는 「American Skin41 Shots」이 있다. 이 작품은 미국의 싱어송라이터 브루스 스프링스틴이 만들었다. 제목부터 가사까지 이 사건을 이야기한다.

그것은 더 이상 비밀이 아니다. 친구여
당신은 당신의 피부색으로 살아가는 것 때문에
죽을 수 있는 것이다.
♪ Bruce Springsteen, 「American Skin41 Shots」 중에서

브루스 스프링스틴은 이 작품 때문에 인종차별주의자들에게 공격당했지만 뮤직비디오를 공개하는 등 더욱 적극적으로 노래를 알렸다. 2014년에는 새 버전을 공개해 다시 주목받았다.

이 사건을 토대로 만든 작품이 하나 더 있다. 바로 로린 힐의 「I Find It Hard To Say」이다. 이 작품은 2002년에 발매된 로린 힐

의 두 번째 앨범 『MTV Unplugged 2.0』에 수록된 작품이다. MTV Unplugged는 미국의 음악방송채널 MTV에서 하는 어쿠스틱 라이브 프로그램으로 언플러그드, 즉 전자음을 최대한 배제하고 어쿠스틱 악기를 중심으로 공연을 꾸민다.

MTV Unplugged에 서는 많은 아티스트가 자신의 작품 가운데 좋은 것을 선별해 공연하는 반면, 로린 힐은 신곡만을 불렀다. 그 자체로 하나의 정규 앨범인 셈이다. 그는 『MTV Unplugged 2.0』에 수록한 「I Find It Hard To Say」에서 아마두 디알로 사건을 다뤘다.

> 난 우리가 맞서 싸워야 한다고 말하고 싶다.
> 이렇게 내려갈 수는 없다
> 선택을 잘해야 한다
> ♪ Lauryn Hill, 「I Find It Hard To Say」 중에서

가사에는 미국 역사 속의 흑인을 비유하는 문장도 들어 있으며, "그런데도 사람들의 자는 얼굴은 굉장히 편해 보인다." "이렇게 내버려두어서는 안 된다"라고 이야기한다. 옳은 선택을 해야 한다고 강조하는 동시에, 맞서 싸우라고 말한다. 인종차별에 대항할 것을 촉구한 것이다.

'트레이번 마틴 사건'

'트레이번 마틴 사건'도 앞의 두 사건과 비슷하다. 후드를 뒤집어

쓴 흑인이라는 이유만으로 피해자 트레이번 마틴[Trayvon Martin, 1995-2012]은 자경단원 조지 짐머만[George Zimmerman]의 의심을 샀고, 범죄 기록이 전혀 없고 무장하지 않은 상태였는데도 살해당했다. 그는 당시 17세였다. 이 사건은 2012년 2월에 발생했다. 자경단원인 조지 짐머만은 동네를 순찰하다가 검은 후드티를 입은 흑인 트레이번 마틴을 발견하고 추적한다. 그 둘은 격투를 벌였고, 조지 짐머만은 트레이번 마틴을 권총으로 쏴 죽였다. 경찰은 정당방위라고 했지만, 당시 트레이번 마틴은 편의점에서 먹을 걸 사 가는 길이었고, 조지 짐머만이 쫓아오자 여자 친구에게 전화해 "이상한 사람이 쫓아오고 있다"라고 말했다. 반면 조지 짐머만은 "마약과 관련된 듯하다"라고 911에 신고했지만 사실 아무런 정황도 없었고, 무엇보다 911이 추적하지 말라고 지시했는데도 끝까지 트레이번 마틴을 쫓아가서 살해했다.

현재 조지 짐머만은 무죄로 풀려난 후 거의 연예인 대우를 받고 있다. 그가 속한 자경단은 정식으로 등록되지도 않은 조직이었다. 그런데도 그는 무죄를 선고받고 각종 매체에 등장하고 있다.

인종차별과 공권력의 폭력을 둘러싸고 미국사회의 여론이 들끓었고, 희생자 추모 행렬과 집회가 이어졌으며, 사람들은 검은 후드티를 상징적으로 입고 다녔다. 사건을 재조사하는 과정에서 각종 조작 의혹과 논란이 일었지만, 결과적으로 조지 짐머만은 무죄를 선고받았다. 게다가 조지 짐머만이 셀레브리티[Celebrity] 복싱 경기를 준비하고, 매스컴이 그를 유명인처럼 조명하면서 문제를 더욱 크게 키웠다.

'마이클 브라운 사건'

2014년, 미국 미주리주 세인트루이스 내 퍼거슨에서 마이클 브라운Michael Brown,1996-2014이라는 18세 청년이 경찰의 총격으로 사망하는 일이 발생했다. 브라운의 시신은 한동안 거리에 방치되어 있었다고 한다. 처음에 경찰은 마이클 브라운을 강도 용의자로 지목했으며, 경찰의 총격이 정당방위라고 발표했다. 하지만 그가 두 손을 들고 투항했는데도 총격을 가했다는 목격자의 증언이 나왔다. 또 부검 결과 신체 정면에서 여섯 곳 이상의 총상이 발견되었다는 점, 브라운은 전과도 없고 당시에 단순히 어딜 가던 길이었다는 점 등이 드러나며 사건의 여파는 더욱 커졌다.

경찰 측은 총격을 가한 경찰관의 신원을 비공개했지만, 결국 그의 이름과 인종이 공개되었다. 그는 백인 경찰관이었다. 그런데 이 사건 직후 퍼거슨 인근 지역에서 20대 흑인 청년이 또 다른 백인 경찰관에게 총격을 당해 사망하는 사건이 발생했다. 이후 미국 전역에서 흑인들의 항의 시위가 벌어졌으며, 이들은 투항을 무시한 처사였다는 점에서 "Hands Up, Don't Shoot"손들어, 쏘지 마이라는 문구를 내걸었다. 많은 이가 시위에 동참하는 한편, 일부에서는 과격한 시위도 벌어졌다.

마이클 브라운 사건을 바라보는 시각은 인종주의뿐 아니라 경찰관의 총기 사용 문제, 미디어의 보도윤리 문제 등으로 다각화되었

왼쪽부터 아마두 디알로, 오스카 그랜트,
트레이번 마틴, 마이클 브라운.
이들은 모두 흑인이라는 이유만으로
어이없게 죽임당했다.
브루스 스프링스틴, 제이콜 등 많은 음악가가
이들의 죽음을 애도하고 미국사회에 여전히 만연한
인종차별주의를 비판했다.

다. 경찰관의 총기 및 검거 도구가 점점 더 군사화되고 있다는 점을 지적하거나, 바디카메라^{body-camera, 신체에 착용하는 카메라}의 적극적인 도입으로 정보인권이 침해당한다며 문제를 제기한다. 미디어가 마이클 브라운을 'thug'^{폭력배}으로 묘사하며 부정적인 사진을 선택해 올린 것도 논란이 되었다. 졸업사진처럼 단정한 포즈를 취한 사진들이 있는데도 그런 이미지를 보여준 것이다. 그래서 사람들은 자신의 "#IfTheyGunnedMeDown"^{내가 만약 총에 맞았다면}이라는 해쉬태그를 거는 SNS에 자신의 자유분방한 이미지의 사진과 단정한 이미지의 사진을 동시에 올리는 운동을 펼치기도 했다.

제이콜과 펀치, 단단한 벽에 균열내기

이 사건을 계기로, 제이콜^{J. Cole}이라는 아티스트가 「Be Free」라는 작품을 발표했다. 제이콜은 이 곡에서 "우리가 모두 원하는 건 매듭을 끊는 것"이며 "자유로워지는 것"이라고 반복하여 강조한다. 목격자들의 증언도 실었다. 제이콜은 이 작품을 발표하며 "누군가에게 죽었던 간에 마이클 브라운을 포함해 고인이 된 모든 어린 흑인 친구의 명복을 빈다. 편견이 걷히고 평화로 가득하길 빈다"라고 말했다.

제이콜은 데뷔 앨범부터 흑인사회의 실상, 특히 커뮤니티 내에서 여성들이 어떻게 살아가는지를 조명해 주목받았다. 사회적 약자에 대한 편견이 강하게 자리 잡고 있는 현실을 비판하는 동시에 힙합의 멋을 유지하기 위해 고민했다. 두 번째 앨범 『Born Sinner』에서는 개인의 복잡한 심경을 묘사했는데, 타인과의 관계를 이야기하며 성공, 환경, 삶 자체 등 개인적인 부분에서의 고민과 복잡하면서도 안타까운 사회의 현실을 결부시키고, 거리의 여성들을 언급하는 등 사회적 메시지를 던졌다. 「Be Free」는 제이콜의 감정을 그대로 따라가는 먹먹한 신디사이저 사운드가 일품인 작품이다. 제이콜이 첫 정규 앨범을 선보이기 전 무료로 공개했던 작품과 결이 같다. 그러나 자신의 감정을 드러내기 위해 작품 전체에 걸쳐 보컬을 사용한 것은 이례적이다. 제이콜 외에도 많은 아티스트가 사건이 발생한 퍼거슨을 방문하는 등 희생자 추모와 진실 규명에 적극적으로 동참하고 있다.

이 사건을 두고 작품을 공개한 사람이 한 명 더 있다. 켄드릭 라마Kendrick Lamar, 스쿨보이 큐Schoolboy Q, 앱소울Ab-Soul, 제이 락Jay Rock, 아이제이어 라샤드Isaiah Rhshad, 시저가 소속된 현재 제일 잘나가는 레이블 TDE의 공동대표인 펀치Punch다. 그는 최근 들어 가끔 무료로 작품을 공개하는데, 일종의 '공적 발언'인 셈이다. 그가 평범한 레이블 대표가 아니라는 점은 "음악 비즈니스는 비즈니스 이전에 음악이다. 단순히 돈으로만 계산하지 않는다"라는 평소 발언에서도 짐작할 수 있다. 그가 공개한 「1965」와 「Prelude」는 1960년대 후반부터 1970년대 초반까지 캘리포니아의 주지사였던 로널드 레이건이 흑인사회에 어떤 영향을 미쳤는지 이야기한다. 역사를 요약, 설명한다는 점에서 독특한 성격을 띤다. 펀치가 특유의 묵직한 톤으로 이야기하는 것은 인종 간의 빈부격차가 심각해지는 사회현상과 마약 거래 등이 성행하던 시절이다. 여기에 1965년 발생한 와츠 폭동Watts Riots 당시의 뉴스를 추가하는 것으로 지금의 사건이 어디서부터 시작되었는지를 생각하게 한다. 와츠 폭동은 1965년 당시 흑인 거주지 와츠에서 백인 경찰관 두 명이 음주운전 혐의로 흑인 운전자와 그 형을 두들겨 팬 것을 계기로 군중이 공권력에 대항한 사건이다.

공권력의 인종차별, 그것이 사망으로까지 이어지는 사건은 지금도 여전히 일어나고 있다. 즉 경찰이 '흑인'을 '오해'해 살인하는 경우가 계속 쌓이고 있는 것이다. 음악가들은 여전히 이러한 일들에 저항하고 있다. 래퍼 믹 젠킨스Mick Jenkins가 '에릭 가너 사건' 후에 발표한 작품인 「11」의 제목은 에릭 가너Eric Garner, 1970-2014가 경찰에게 목이 졸렸을 때 "I can't breathe"를 열한 번 외쳤다는 걸 의미한다. 그래서 작품 마지막에도 "I can't breathe"가 열한 번 재생된다. 믹 젠킨스는 평소 단어로 공간을 꽉 채우는 느낌으로 차분하게 랩을 뱉었는데, 이 작품에서는 다소 격양된 목소리를 낸다. 그렇게 그는 제도와 사회에서 흑인은 지금 어느 위치에 있는지, 자신들의 문화가 어떻게 인식되고 있는지 이야기한다.

미국의 흑인 탄압은 지난한 역사를 지녔다. 따라서 자연스럽게 공권력을 적으로 상정하기도 한다. 공권력의 탄압은 여전히 존재하는데, 그때마다 탄압받는 소수는 탄압하는 다수에게 자신들의 의지를 강하게 전달했다. 단단한 벽에 균열을 낸 것이다. 이는 불의와 탄압에 저항할 수 있는 제도와 사회적 공감대가 존재하기에 가능했다. 하지만 한국은 그렇지 않다. 아직까지 공권력을 적으로 대하는 것은 곧 범죄에 해당한다. 절대적인 권력에 익숙해지고 무기력해지는 가운데 예민함을 유지하는 정도가 고작이었다. 1965년 이후 미국이 변하지 않은 것처럼 한국도 마찬가지다. 그래서 여전히 같은 문제가 반복된다. 다만 비슷한 성향의 사람들이 비슷한 감정을 공유할 때만 균열을 낼 수 있는 것은 아니다. 그보다 더 큰, 어쩌면 국가와 같은 거대한 세계를 상대할 때 비로소 가능한 일인지도 모른다. 그러므로 우리에게 필요한 건 단순한 것들일지도 모른다. 바로 공감과 존중 그리고 싸움을 지속적으로 이어나갈 지구력이다.

힙합의 지나친 남성성

힙합 음악을 마음 편히 듣지 못하는 가장 큰 이유로 '지나친 남성성'을 꼽는다. 대부분 힙합 음악은 여성을 소유의 대상으로 여기는 태도를 당연하게 여기고, 자신들의 남성성을 과시하기 바쁘다. 갱스터나, 포주 콘셉트 또는 남성의 신체나 재산을 과시하는 주제가 대표적이다.

이러한 상황이니 힙합 속에서 여성은 당연히 찾기 힘들다. 얼마 전까지만 해도 여성 래퍼 자체를 찾아보기 어려웠다. 물론 최근 몇 년 사이에 여성 래퍼의 수가 굉장히 많이 늘어났다. 여성 래퍼가 증가하면서 좀더 다양한 이야기가 나오나 싶었지만, 역설적이게도 '명예남성'이 절대다수였다. 이들은 속된 말로 자기가 '난 년'이라고 하며, (소유의 대상인) 여성 가운데 최고라고 이야기한다. 물론 그렇지 않은 여성 래퍼도 상당수 존재하지만, 사람들에게 많이 알려진 작품은 대개 이런 식의 주제를 벗어나지 못하고 있다.

루페 피아스코가 잇는 사회비판정신

이렇게만 이야기하면 힙합이 굉장히 나쁜 놈들의 문화처럼 느껴진다. 그러나 힙합의 시작은 거리의 파티였고, 차별에 저항하는 음악이었다. 힙합은 끊임없이 거리에 사는 흑인들의 이야기를 담으며 그들을 대표하고 대변해왔다. 어느새 큰 흐름은 '자기자랑'이 되어버렸지만, 여전히 사회비판적인 특징을 유지하고 있다. 저항의식은 록 음악도 지니고 있지만, 힙합의 사회비판정신 역시 음악 역사를 이해하는 데 무시할 수 없는 요소다.

그러한 명맥을 잇는 래퍼 가운데 하나가 바로 루페 피아스코이다. 범죄의 온상으로 꼽히는 시카고에서 태어난 그는 아버지에게 스스로 살아남는 법을 배웠고, 세상에 반항하는 랩을 듣고 자라면서 많은 고민을 거듭한 끝에 지금의 자리에 서게 되었다. 그는 줄곧 사회의식을 지니고 있었고 그러한 면모는 앨범 『Food & Liquor II: The Great American Rap Album Pt. 1』『Tetsuo & Youth』에서 잘 드러난다. 공적·사적 영역을 연결해 미국사회에서 흑인으로서 지니는 정체성과 고민을 드러냈으며 다소 강렬한 화두를 많이 제시했다.

앨범의 두 번째 싱글로 발표했던 「Bitch Bad」는 더욱 강렬한 의미를 지니고 있다. 그는 'bitch'라는 단어가 지나치게 포괄적인 의미로 쓰이고 있으며 혼동의 가능성이 크다는 점을 설명한다. 이어서 대부분 힙합 음악이나 뮤직비디오 등에서 여성이 특정 이미지로 표출되며 소비되고 있다는 점을 지적한다. 이것이 성장기의 여성에게 얼마나 강력한 영향을 미치는지도 짚는다. 작품은 'bitch'의 잘못된 사용이 어떤 결과를 초래하는지, 여성뿐 아니라 성장기의 남성에게 어떤 영향을 미치는지 예시를 들어 알려주며 끝난다.

제아무리 특정 커뮤니티 안에서 통용되는, 그들끼리 의미를 정한 단어라고 할지라도 더 큰 사회에서는 그저 은어 정도로만 취급된다. 물론 페미니즘 영역에서 '잡년행진'처럼 전복적으로 단어를 사용하는 것은 당사자들이 적극적으로 스스로를 비하하는 용어를 사용함으로써 반전의 효과를 주려는 것이다. 그렇다고 해서 그 단어가 사회에서 곧바로 긍정적인 의미로 자리 잡는 것은 아니다.

아직도 호모포비아들은 게이라는 단어를 동성애자를 비하할 때 사용한다. 힙합 안에서 자주 쓰는 단어인 'nigga'^{깜둥이}는 흑인을 비하하는 말이다. 흑인들은 이 단어를 스스로 적극적으로 사용하면서 그 어감과 의미의 변화를 시도하지만 이 역시 그렇게 단순한 문제가 아니다. 자신보다 경제적·사회적으로 높은 위치에 있는 사람에게 이 단어를 사용하는 것은, 뭔가 역설적으로 느껴진다. 단어의 의미를 둘러싼 문제는 늘 복잡하다. 그런 만큼 자신의 발언이나 작품을 대중에게 직접 전달하는 사람들은 어느 정도 심사숙고할 필요가 있다.

루페 피아스코는 「Bitch Bad」에서 힙합 문화의 여성에 대한 인식을 꼬집는다. 그리고 이러한 문제점이 단번에 고쳐지지는 않겠지만 조금씩이라도 바꿔나갈 것을 희망한다. 그는 솔선수범을 보여준 셈이다. 뮤직비디오는 그 의미를 더욱 확실하게 담아낸다. 가사만으로

2011 MTV 비디오 뮤직 어워드에 참석해
포즈를 취하고 있는 루페 피아스코.
루페 피아스코는 'bitch'라는 단어의 사용을
고민한 래퍼다.
그는 이 단어가 지나치게 포괄적으로 쓰여
여성과 남성에게 모두 악영향을
미칠 수 있다고 경고한다.

설명하기 힘든 힙합 뮤직비디오의 잘못된 스테레오타입 등을 비교적 간결하게 보여준다.

이 작품은 발표된 후 팬들은 물론 많은 아티스트와 평론가에게 격렬한 반응을 끌어냈다. 긴 시간 아무도 언급하지 않았던 '진짜' 문제를 꺼낸 작품 「Bitch Bad」는 싱글로 나왔던 만큼 그냥 듣기에도 꽤 괜찮은 힙합 작품이다.

데이트 폭력을 향한 경고

힙합은 특정한 음악적 뿌리에서 갈라진 하위 장르가 아니다. 사회현상과 흐름 속에서 탄생한 문화다. 그래서 음악적 원류를 찾자면 엄청나게 다양하고, 이후에도 다양한 장르와 섞여왔다. 어쨌든 힙합 음악과 랩 음악, 즉 힙합은 저항정신을 지니지만 돈 자랑을 하기도 하며, 남성우월주의적이고 단순하지만 사회의 민감한 부분을 조심스럽게 풀어내기도 한다. 내가 힙합을 이야기하는 이유는, 힙합에 관한 편견을 깨고 싶은 마음이 크기 때문이다.

물론 힙합에는 총, 여자, 차, 돈에 관한 이야기가 절대다수를 차지한다. 그러나 아티스트의 비중이나 인지도 그리고 그들이 하는 이야기와 사회적 영향력 등을 고려하면 꼭 그렇지만도 않다.

힙합 안에도 '관습화된 플롯'이 존재한다. 할리우드 블록버스터 영화나 서부극이 지니고 있는 관습화된 플롯을 분석하는 시도처럼, 래퍼의 이야기도 비슷한 방식으로 분석할 수 있다. 이때 내가 주로 사용하는 기준은 '타자화'의 여부다. 어떤 주제를 이야기할 때 그 속에 자신을 담아서 이야기하고 있는지, 아니면 대상을 타자화하고 있는지, 나의 이야기를 할 때에도 얼마나 진솔하게 하는지 등을 기준으로 삼는다.

2000년대까지만 해도 많은 래퍼가 어떤 이야기를 꺼낼 때, 그 이야기에 담긴 서사를 자신과 분리했다. 일종의 콘셉트를 설정하는 것이다. 그런 방식으로 힙합에서 갱스터, 포주 등의 콘셉트가 흥하던 시절이 있었다. 자신의 이야기를 한다 해도 결국은 콘셉트, 그러니까 아티스트의 본모습은 아니었다. 마치 미국 프로레슬링에서 각 선수가 자신의 캐릭터를 만들어가듯, 음악시장에서 래퍼들이 각자 캐릭터를 만들어갔던 것이다. 지금도 그러한 방식이 완전히 사라진 것은 아니다.

지금 소개할 작품은 외부에서 이야기를 끌어와 문제의식을 풀어낸 경우지만, 1991년에 이런 주제를 꺼냈다는 것이 인상적인 작품이다. ATCQ의 「The Infamous Date Rape」인데, 데이트 강간을 다룬다. ATCQ는 1985년에 결성되어 1998년까지 활동했던 힙합 그룹이다. 큐팁Q-Tip이라는 최고의 음악가가 멤버로 있었고, 2006년 이후 잠깐 재결성하기도 했다. ATCQ는 힙합 역사상 최고의 그룹 가운데 하나로 꼽히고 있으며, 미국 힙합의 황금기라고 부르는 1990년 전후에 활동한 팀이다. 또한, 의식 있고 긍정적인 분위기의 가사로 다양한 소재를 풀어내고, 재즈 사운드를 비롯해 당시 생소했던 음악적 장치를 쓰면서도 상업적인 성공을 거두었다는 점에서도 의미 있는 힙합 그룹이다.

데이트 강간에 대한 경고를 담은 「The Infamous Date Rape」가 담긴 앨범 『The Low End Theory』는 1991년에 발표되었다. 이 앨범은 『스핀』^{Spin}, 『롤링 스톤』$^{The\ Rolling\ Stone}$, 『더 소스』$^{The\ Source}$, 『올뮤직』^{Allmusic} 등의 매체에서 재즈와 힙합 사이에서 적절하게 균형 잡은 음악과 여유 있으면서도 다양한 이야기를 담은 랩으로 좋은 평가를 받았다. 「The Infamous Date Rape」는 데이트 강간 문제를 본격적으로 다룬다. 당시 흑인사회 내에서 데이트 강간이 빈번해지자 이를 비판한 것이다.

한국의 데이트 폭력

이 작품의 가사를 부정적으로 해석하려는 시도가 있어 논쟁이 일기도 했다. 하지만 논쟁을 일으켰던 대부분 사람은 데이트 강간의 문제를 제대로 인지하지 못하고 있었다. 「The Infamous Date Rape」는 합의되지 않은 채 일방적으로 맺어진 관계의 문제점을 시사한다. 어떤 의도이든 간에 다른 사람에게 일방적으로 특정 태도나 행위를 강요하는 것은 충분히 문제가 될 수 있다. 관계에서 중요한 것은 그 상황에 놓인 두 사람 사이의 대화와 이해다. 한국도 '소통의 시대' 운운하고 있지만, 서로가 자기 하고 싶은 말만 하는 경우가 많다. 가까운 사이에서도 그렇다. 그런 점에서 1991년에 나온 이 작품의 문제의식은 여전히 유효하다. 이처럼 힙합은 날카로운 문제의식을 지니고 사적 영역을 바라보기도 한다.

성공회대학교에서 발표된 이화영의 논문 「데이트 폭력을 경험한 여성의 관계 중단 과정에 대한 연구」에 따르면, 데이트 폭력 피해자 가운데 40퍼센트가 폭력을 당한 이후에도 관계를 유지한다고 한다. 사적인 영역에서 일어나는 일이라고 생각하기 때문에, 그리고 감정적 문제라고 판단하기 때문에, '그럴 수도 있지'라고 생각하는 경우가 많다는 것이다. 공적인 영역에서도 현재 한국사회는 성폭력 사건들로 들끓고 있다. 최근의 #MeToo 운동만 봐도 알 수 있다. "내 뜻은 그런 게 아니었다. 억울하다" 식의 변명은 오히려 화만 돋운다. 아직도 가부장적 사고 방식, 타인을 고려하지 않는 태도를 당연하다고 여기는 이들이 많다. 정말 존중이 필요한 때다.

매클모어의 힙합

매클모어라는 힙합 아티스트는 프로듀서인 라이언 루이스와 함께 2012년 10월 『The Heist』를 발매했다. 이 앨범의 수록곡들은 빌보드 차트에서 상위권을 차지했고, 그는 각종 음악 페스티벌에서 활약했다.

대부분 빈민가 출신인 다른 흑인 래퍼와는 다르게 중산층 가정에서 인생을 시작한 백인 매클모어는 다른 래퍼와 비교적 다른 길을 걸어왔다. 하지만 그의 인생에는 유난히 '고민'의 흔적이 많다. 대학교 졸업 후 래퍼가 되기 위해 활동을 시작했으나 이내 현실의 벽에 부딪힌 뒤 다양한 비정규직을 전전했고, 한때는 약물중독으로 고생하기도 했다. 그러다 2010년 즈음부터 본격적으로 활동을 재개했는데, 친구이자 음악적 동료인 라이언 루이스와 함께 작업한 앨범이 바로 『The Heist』다. 앨범의 타이틀 「Thrift Shop」은 '중고품 판매가게'라는 뜻으로 비싸고 화려한 물건으로 치장한 래퍼들의 자기자랑과 반대로 중고품 판매가게에서 산 물건으로 멋을 내자는 내용을 담고 있으며, 빌보드 차트에서 6주간 1위를 누렸다.

그의 앨범 수록곡 가운데 싱글로 나왔던 작품이 하나 있다. 바로 앞서 소개했던 「Same Love」다. 이 작품은 매클모어 자신의 개인적인 이야기와 밀접하게 관련되어 있다. 노래는 자신의 삼촌이 게이인데, 어릴 적에 그런 삼촌을 보면서 자신도 게이가 아닌지 생각했다는 내용으로 시작된다. 이 작품은 사람들이 게이에게 지닌 오만한 편견이 얼마나 많은지 꼬집고, 동시에 동성애자의 사회적 위치를 짚어본다.

힙합 음악에 공식이 있는 것은 아니지만 이 작품은 지극히 개인적인 이야기를 하는 동시에 사회의 문제점을 강하게 비판한다는 점에서 힙합다운 작품이라 할 수 있다. 그러면서도 동시에 이 작품은 힙합을 비판한다. 힙합 문화 안에서 '게이'를 여전히 욕으로 쓰고, 능동적인 사고 없이 사회적 약자에 대한 부정적인 인식을 그대로 수용한다는 점을 문제삼는다. 이 때문에 힙합이 탄생할 때 지니고 있던 '억압' '약자'라는 키워드가 보이지 않는다고 지적한다. 힙합 음악이 상업적으로 성공하고 미디어에 노출되는 과정에서 얻게 된 화려함 그리고 사라지지 않는 인종차별과 심화되는 빈부격차로 발생하는 분노에 덮였다는 것이다.

이 작품의 결론은 굉장히 도전적이다. 작품 중반부터 기독교가 지니는 왜곡된 시선을 비판하며 동성결혼에 대한 지지를 표명한다. 이는 매클모어에게 충분히 '도전'이었다. 작품을 발표할 당시 엄청난 인기를 누리고 있지는 않았지만, 어쨌든 그가 앞으로 받게 될 시선과 수많은 질문을 감내하기로 결심한 것이기 때문이다.

퀴어인권과 「Same Love」

「Same Love」라는 작품은 사회의 그리고 힙합의 문제점을 명확하게 짚어낸다. 과거 1980년대에는 꽤 많은 힙합 작품이 「Same Love」와 유사하게 개인적인 이야기에서 시작해 정치적인 문제로 끝났다. 전설이 된 힙합 그룹 퍼블릭 에너미^{Public Enemy}의 작품들이 좋은 예다. 이는 자연스럽게 페미니즘의 대표적 슬로건 가운데 하나인 "개인적인 것이 정치적인 것이다"라는 문구를 떠올리게 한다.

당시만 해도 힙합은 인종차별과 빈부격차에서 비롯된 분노를 많이 담고 있었다. 그러나 지금은 유행이 많이 바뀌었다. 많은 래퍼는 자신의 부유함과 뛰어남을 자랑하고 거리의 삶이나 좀더 개인적인 이야기를 하는 데 집중한다. 힙합이라는 단어가 포괄하는 영역이 커지는 동안 래퍼들이 내뱉는 이야기는 더욱 개인적인 것이 되었다. 약간은 모순된 전개인 셈이다.

물론 퀴어에 대한 차별이 비단 힙합 신에만 존재하는 것은 아니다. 『The Heist』가 발표되고 얼마 지나지 않아 뉴욕에서 한 남성이 퀴어 인권운동가를 살해한 사건이 발생했다. 말 그대로 증오범죄였다. 뉴욕시는 각종 대책을 마련하고 있지만, 아직도 많은 사람이 퀴어를 차별하고 있다. 퀴어인권에 대한 의식은 앞으로 나아가는 듯하면서도 끊임없이 후퇴한다. 이 와중에 들려온 미 연방법원이 동성결혼 금지법을 위헌으로 결정했다는 소식이 반가운 이유다.

이러한 상황에서 「Same Love」가 메이저 음악시장에서 발표되었다는 것 그리고 빌보드 차트에서 많은 사랑을 받았다는 것은 그 자

2012년 캐나다 토론토에서 공연 중인 매클모어.
매클모어의 대표곡「Same Love」는
개인적인 이야기에서 시작해
정치적인 문제를 담아낸
랩 서사의 진수를 보여준 작품이다.
그는 이 곡에서
동성애에 대한 편견을 비판한다.

체만으로 충분히 의미가 있다.

이 작품은 미국 외 다른 국가에서도 많은 사랑을 받았으며 특히 호주와 뉴질랜드에서는 차트 1위까지 달성했다. 매클모어는 많은 무대를 누비며 이 작품을 부르고 있다. 매클모어 자신의 활동을 하나의 운동이라고 생각할지는 모르겠지만 나는 한 번 한 번의 공연이 충분히 큰 행동이자 운동이라고 생각한다.

힙합은 다른 문화나 음악 장르에 비해 호모포비아적인 성격이 강하다. 여전히 게이라는 단어를 욕과 동일선에 놓고 사용할 정도로 그들에 관한 편견이 강하다. 일부 음악가가 퀴어인권 운동에 나서거나 올바른 인식을 바탕으로 목소리를 내고 있지만 마초적·폭력적인 동시에 지나치게 남성중심적인 분위기가 지배적인 힙합 신에서 그러한 활동을 펼치는 것 자체가 쉽지 않다.

그래서 「Same Love」는 의미 있다. 내가 알기로는, 메이저 음악시장에서 퀴어에 대한 내용을 담아 발표된 작품은 「Same Love」가 최초이기 때문이다. 이 작품 덕분에 매클모어 본인도 많은 매체에서 인터뷰를 하는 등 대중에게 본인을 알릴 기회를 얻었으니 성공한 도전이었다고 생각한다. 물론 일부 퀴어 래퍼는 당사자성이 배제되었다는 점, 결국 백인 남성이 하는 이야기하는 점을 들어 아쉬움을 표하기도 했다. 그러나 제56회 그래미 어워드에서 33쌍의 동성 커플이 함께 펼친 그래서 「Same Love」 공연을 보면 매클모어의 진심이 강하게 전달된다.

20 실패를 노래하다

고통 자체를 이야기하는 래퍼

힙합 음악에서 자신의 불행한 가정사를 드러내는 작품은 흔히 볼 수 있다. 많은 래퍼가 부모 가운데 한 사람의 부재나 가난 등 자신이 처했던 어려운 환경을 이야기하며 '이렇게 밑바닥에서 자랐다'는 내용의 가사를 쓴다. 불우한 과거는 곧 자신의 시작점이 바닥이라는 것을 말하며, 지금 누리는 성공한 삶이 얼마나 대단한 것인지를 부각하는 것이 되기도 한다. 이른바 '자수성가' 서사는 은연중에 성공을 전제한다. 또 특정 형태의 가정만을 정상이라고 생각하게 하는 편견도 들어 있다.

그러나 최근에는 자신이 겪은 아픈 경험을 있는 그대로 말하는 경향이 생겼다. 자신의 가족사를 가감 없이 드러내며 그때 얼마나 괴로웠는지에 초점을 맞춘다. 그런 이야기를 하는 래퍼들은 '고통' 자체를 말하고 있다는 점에서, 또 이제 경력을 막 시작하는 단계라는 점에서, 자수성가 서사를 늘어놓는 래퍼들과는 조금 다르다.

인종차별이 없는 세상을 만든 로직

로직Logic이라는 래퍼가 무료공개한 「Roll Call」이 대표적인 예다. 로직은 대스타가 멘토가 되어 신인을 발굴하고 키우는 최근의 추세와 달리, 직접 만들어 무료공개한 믹스테잎Mixtape만으로 이름을 알린 래퍼다. 자신을 '영 시나트라'20세기 미국 대중음악을 대표하는 프랭크 시나트라Frank Sinatra, 1915-98를 말함라고 부르기도 하는 로직은, 친구들과 작품을 만들어 인디 활동을 하던 중에 메이저 매체와 기획사의 눈에 띄어 정식계약을 맺었다.

인디 활동을 하고 있는 친구들의 존중을 받으면서 메이저 데뷔 앨범을 준비하던 그는 「Roll Call」이라는 작품을 공개하며 또 한 번 화제를 불러일으켰다. 이 작품은 아웃캐스트Outkast의 「Ms. Jackson」에거 따온 비트를 썼다는 점에서 의미심장하다. 「Ms. Jackson」은 결혼과 아이를 양육하는 일이 힘들다는 걸 이야기하고 있기 때문이다. 「Roll Call」에서 로직은 자신의 가정환경을 있는 그대로 들려준다.

코카인중독자 흑인 아버지와 알코올중독자 백인 어머니 사이에서 태어난 그는 엄마와 살았지만, 자신을 'nigga'라고 부르며 괴롭히는 엄마가 싫어 가출했다. 보통 혼혈인 흑인 래퍼들은 '한 방울 법칙'One-drop rule에 따라 'nigga'라는 단어를 가사에 아무렇지 않게 쓴다. 한 방울 법칙이란 과거 인종분리 정책이 시행되었을 때 만들어진 것으로, 유색인종의 피가 한 방울이라도 섞였다면 유색인종으로 분류하는 법칙이다. 요즘은 거꾸로 흑인사회 내에서 '우리'의 기준

2016년 캐나다 밴쿠버에서 공연 중인 로직.
로직은 무료로 공개한 「Roll Call」에서
자신의 가정사를 담담하게 풀어냈다.
코카인중독자 흑인 아버지와 알코올중독자
백인 어머니 사이에서 태어난 로직은
무려 어머니에게 인종차별을 당한 끝에 가출한다.
그는 이런 경험을 바탕으로 공상과학적인 세계관을
구축해 작품에 반영했다.

으로 쓰이기도 한다. 하지만 로직은 절대 이 단어를 쓰지 않는다. 어릴 때 어머니에게서 받은 상처 때문이다.

메이저 음악시장에 뛰어든 로직은 인종차별에 관한 메시지를 더욱 견고하게 전한다. 그는 독특하게도 공상과학 소설처럼 자신의 이야기를 재구성하는 방식을 택했다. 로직은 인종차별 없는 가상세계를 탄탄하게 구축하기 위해 각종 공상과학 소설을 참고하고 과학자에게 조언을 구했다. 그 결과 로직은 정규 앨범 그 자체로 좋은 평가를 받았다. 보통은 싱글이 아무리 인기를 끌어도 앨범 판매량은 부진한데, 로직은 반대로 앨범이 잘 팔리고 싱글은 그만한 인기에 미치지 못했다. 그만큼 그의 앨범은 그 자체로 좋은 서사와 완성도를 지니고 있다는 이야기다. 세 번째 정규 앨범 『EVERYBODY』가 가장 좋은 사례다.

자신이 처해온 상황을 그대로 늘어놓은 빈스 스테이플스

비참했던 어린 시절을 이야기하는 작품으로는 빈스 스테이플스 Vince Staples의 「Nate」도 있다. 이 작품은 어렸을 때 갱단의 일원이자 마약상인 아버지를 보면서 느낀 감정과 당시에는 이해할 수 없던 상황을 담담하게 전한다. 래퍼는 당시 어린 아들의 눈으로 본 상황을 생생하게 묘사한다. 첫 번째 벌스와 두 번째 벌스의 시작과 끝에 각각 "어렸을 때 하고 싶었던 건 사람을 죽이는 거였어." "어렸을 때 바랐던 건 돈을 많이 버는 거였어"라는 가사를 배치해 왠지 모를 안타까움을 자아낸다.

빈스 스테이플스의 음악적 커리어는 비교적 쉽게 풀렸다. 어릴 적부터 오드 퓨처Odd Future라는 크루crew, 힙합을 하는 사람들이 만든 모임와 어울렸고, 이 크루가 유명해지면서 함께 주목받았다. 이후 이름 있는 래퍼들과 함께 작업하며 빠르게 이름을 알렸다. 그는 빈민가의 현실을 이야기하는 데 탁월한 재능을 보인다. 힙합 음악의 매력은 다양하다. 자기과시를 하거나 깊은 성찰을 담은 작품도 매력적이지만 개인적으로 사회를 여실히 보여주는 작품에서 가장 큰 매력을 느낀다. 빈스 스테이플스는 어떤 해답을 내놓거나 상황을 분석하지 않는다. 대신 적나라하게 자신이 겪은 일들을 늘어놓는다. 그의 작품은 돈, 마약, 총기는 물론이고 사람들이 범하고 있는 실수나 범죄 그리고 자신의 아버지를 있는 그대로 다룬다. 그래서 복잡하게, 때로는 안타깝게 느껴진다.

트라우마를 그대로 드러낸 「6」

어릴 때 당한 폭력을 그대로 드러낸 작품이 또 있다. 일라이자 블레이크Elijah Blake의 「6」다. 이 작품은 아버지라는 존재가 그에게 준 트라우마에 관해 얘기한다. 작품을 직접 작사한 일라이자 블레이크에 따르면, 생물학적 아버지는 여섯 살이 된 자신을 벨트로 때리면서부터 트라우마를 줬고, 그것이 지금까지도 자신을 괴롭히고 있다고 한다. 「6」라는 작품은 그러한 상황에서 자신이 느낀 감정 그리고 아버지에 대해 느낀 불편함을 담았다.

일라이자 블레이크는 2012년 『Bijoux 22』를 발표하면서 주목받왔다. 그전에는 어셔^{Usher}의 「Climax」를 포함해 많은 작품에 작사가나 작곡가로 이름을 올렸다. 노래도 되고 춤도 된다는 회사의 소개와는 무관하게, 그는 지금까지 꾸준히 어두운 분위기와 느린 템포의 알앤비 작품을 만들었다.

일라이자 블레이크는 EP 공개에 앞서 「6」와 「Fallen」 두 작품이 붙어 있는 뮤직비디오를 공개했다. 그는 원래 유행에 따라 빠른 비트의 리드미컬한 작품을 만들어야 하는지 고민했다. 그러자 소속사 대표이자 멘토인 노아이디^{No I.D.}가 최근 샘 스미스, 존 레전드 등 발라드 가수의 상승세를 언급하면서 "좋은 음악은 통한다"라고 격려해 「6」를 첫 싱글로 내기로 결정했다고 한다. 이 작품은 개인의 감정에 충실한 호소력과 넓은 음역대를 소화하는 일라이저 블레이크의 가창력으로 개인의 서사를 힘 있게 드러낸다.

커뮤티니 내에서 문제점을 고발하는 방식의 변화

'아프리칸-아메리칸 커뮤니티 내에서의 가정폭력' 문제는 미국 사회에서 꽤 오랫동안 다뤄졌다. 관련된 논문이나 책도 많고, 많은 사람이 심각한 문제라고 여긴다. 그러나 발표된 논문 가운데 다수는 참여관찰보다 분석하려는 태도를 취하고 있어, 피해자를 타자화하는 한계에서 벗어나지 못한다.

또 가정폭력을 경험한 아이들이 후에 또 다른 가정폭력의 가해자가 될 가능성이 크다는 점이나, 가정 내 남성성과 여성성의 불균형이 후대에 학습효과를 낳는다는 점 등을 강조하는 경우도 있다. 위에서 소개한 세 작품의 가사를 토대로 가정폭력을 겪은 구성원들의 생애를 재구성해보면, 이러한 이론이 짚지 못하는 부분이 드러난다.

앞서 언급한 작품 모두 화자는 자신과 부모 사이에 거리 두기 작업을 하고 있어, 흔히 얘기하는 '학습되는 가족'보다는 선택의 여지가 없다는 점에서 '운명공동체로서의 가족' 개념에 더 가깝다. 가족 구성원 간의 유대가 흐릿하고, 제삼자의 관점에서 가족을 관찰하며, 자신에게 폭력을 행사한 가족구성원을 타인으로 간주하는 경우에 해당한다. 이런 내용의 작품들이 최근 더욱 자주 보인다.

보수 정권이 들어섰을 1980년대 초부터 1990년대 초때에 태어난 이들이 래퍼가 되면서, 힙합 작품의 분위기는 많이 달라졌다. 2000년대 중후반까지 존재했던 랩 스타로서의 성공 가능성이 줄어들면서 음악 시장과 개인의 삶 모두 넓은 바깥 세상을 지향하기보다 안으로 파고드는 경향이 강해졌다. 스웩^{swag}이라 부르는 자기과시와 화려함이 강조되며 서사 내용에서의 빈부격차도 발생하기 시작했다. 흑인 사회 내 가정폭력 같은 문제는 '나'의 이야기가 아닌 '제삼자'의 이야기처럼 서술되었고, 커뮤니티 내의 문제들은 특정 소수만이 다뤘다. 흑인사회 내의 가정폭력 문제를 꺼내는 건 일종의 '내부고발'이다. 그래서 몇몇 여성 래퍼는 커뮤니티의 남성중심적 상황을 비판하면서도 그들을 감싸는 자세를 취했다.

그러나 지금은 오히려 내부문제를 끊임없이 그리고 다양한 측면에서 이야기한다. 그만큼 분위기가 많이 바뀌었다. 이번에 소개한 작품들에서 특히 공감했던 부분은 가족을 운명공동체로 바라본다는 관점이다. 운명공동체는 공동체 구성원을 선택하지 못한다는 뜻이다. 입양 같은 변수를 제외하면 처음 가족을 구성할 때, 부모는 자식을, 자식은 부모를 선택하지 못한다. 각 구성원이 서로를 선택하지 못한 상태에서 함께할 때, 그만큼 서로의 존재를 그 자체로 존중하려고 노력해야 한다. 일종의 '의무'로서 복종이나 희생을 강요하는 것은 잘못된 것이다.

물론 어떤 경우에는 이미 폭력적인 부모를 만났기 때문에, 그리고 그러한 부모를 더 이상 가족이라고 생각하지 않기 때문에, 이러한 이야기조차 이상적인 접근이라고 할 수 있다. 실제 삶에서 더 강하게 작용하는 것은 이성적인 판단보다는 애증이니까. 그런 의미에서 극단적인 가족의 모습을 보여주는 영화 「어거스트: 가족의 초상」^{August : Osage County}을 추천한다. 가족에 관해 지금 나눈 다소 역설적인 이야기를 좀더 쉽게 이해할 수 있을 것이다.

더-드림의 다양한 목소리

더-드림The-Dream은 미국의 프로듀서이자 작곡가 그리고 가수다. 비욘세의 「Single Ladies」, 저스틴 비버의 「Baby」 등 꽤 많은 빌보드 차트 1위 작품과 그래미 어워드 수상 작품을 만들었으며, 2007년을 기점으로 이름을 널리 알렸다. 프로듀서나 작곡가로서뿐 아니라 직접 노래를 부른 싱글을 공개하거나 다른 가수의 작품에 피처링featuring했고 정규 앨범도 발표했다. 그는 알앤비 장르를 서사적으로 다룰 줄 알고, 확실하게 작품의 분위기를 짚어내며, 극적으로 연출하는 능력을 지니고 있다.

더-드림은 달콤한 팝 음악으로 유명해졌다. 성공을 거둔 작품은 주로 사랑에 관한 노래나 섹스어필이 강한 노래였다. 대중적인 팝-알앤비 작품이 대개 그렇지만 더-드림은 특유의 미성과 지금까지 만들어온 작품의 이미지 때문에 '섹시하고 부드러운 작품을 잘 만드는 가수'가 되었다. 그러나 2011년 『Terius Nash: 1977』을 공개하면서 이미지 변신에 성공한다.

이 앨범은 처음에 무료공개되었다가 이후 약간 다듬어져 정식 발매되었다. 전자음악과 알앤비 음악을 혼합하는 시도도 신선하지만, 그간 스스로 이야기해왔던 것을 깨부수는 작업이라는 점에서 더 큰 의미가 있다. 더-드림은 이 앨범에서 세상에는 달콤함만 있는 게 아니라는 걸 보여준다. 앨범은 이별과 좌절, 실패 등 현실적·직설적인 이야기를 담고 있다.

이후 『IV Play』에서는 반대로 더욱 자극적이고 섹슈얼한 이야기를 꺼내더니, 이번에 공개한 작품 「Black」은 인종차별에 관해 이야기한다. 더-드림이 사랑 외의 소재를 알앤비 음악으로 다룬 것은 이번이 처음은 아니다. 피쳐링한 힙합 작품이나 무료공개 작품에서 꾸준하게 다양한 화두를 꺼냈는데 그래도 이번 작품은 확실히 새롭다.

흑인사회 내의 모습을 직접적으로 제시한다는 점, "차별이 여전히 존재한다"는 것을 뭉뚱그리지 않고 지적한다는 점이 이 작품의 특징이다. 최근 알앤비 음악의 서사는 힙합의 분위기와 비슷해졌다. 2000년대 초중반까지만 해도 대부분 팝 음악에 가까운 사랑 노래였다면, 지금은 자신이 살고 있는 동네에 관한 이야기나 비극적인 이야기를 많이 담는다.

그는 「Black」에서 폭력, 인종차별, 영웅 서사 그리고 자유를 위한 사회운동이 종결된 사회를 바란다. 최근 시카고의 높은 범죄율을 언급하며, 자신이 어렸을 때 어머니를 잃으면서 깨달았던 것을 이야기한다.

프로듀서이자 작곡가이며 가수인 더-드림.
많은 사람이 더-드림을 달콤한 팝 음악에
특화된 음악가라고 생각하지만,
그의 작품 중에는 흑인사회의 여러 문제를
현실적·직설적으로 담아낸 곡이 많다.

이제는 인종차별만이 차별이 아니다
누구든 사회에서 고립되거나 소외된다고 생각이 들면
차별받는 것이다
계급차별은 새로운 인종차별이다
♪ The-Dream,「Black」중에서

견고해진 차별과 그 차별의 벽을 부수려는 사람들

요즘 같은 시대에 인종차별이, 또는 계급차별이 어디 있느냐고 묻는 사람도 있을 것이다. 하지만 인종차별은 엄연히 존재한다. 인종차별이 계급차별로 연결되는 상황은 우리나라에서도 쉽게 볼 수 있다. 학원에서 영어를 가르치는 원어민 강사는 대부분 백인이다. 그리고 우리는 동남아시아 이주노동자들을 바라볼 때 여전히 색안경을 쓴다.

우리나라에는 제노포비아가 많다. '수원 토막살인 사건' 같은 끔찍한 범죄의 가해자가 이주민으로 알려지면 제노포비아는 더욱 기승을 부린다. 제19대 국회의원 선거에서 이자스민 의원이 선출되자 많은 사람이 정치색을 떠나 그를 인격적으로 깎아 내렸다. 비단 한국만의 문제는 아니다. 전 세계적으로 인종차별과 계급차별 그리고 성차별이 복잡하게 얽히면서 구조적 차별은 더욱 견고해지고 있다. 그렇지만 차이가 차별이 되지 않도록 진정한 의미에서 다문화 사회를 만들기 위해 노력하고 있는 사람, 단체, 모임도 존재한다. 많은 사람이 지금보다 조금만 더 차별 문제에 관심을 보이고 적극적으로 움직인다면 사회의 편견이나 배타적인 분위기는 개선될 것이다.

미국 애틀랜타 출신의 카라 워커Kara Walker는 인종, 성별, 섹슈얼리티 등에 대해 이야기하는 대표적인 작가 가운데 한 명이다. 흑인 여성인 그는 '실루엣 작업'으로 여성과 남성 간의 관계를 전복시키거나 백인과 남성이 저지르는 폭력을 적나라하게 묘사해 자신이 느낀 불편함을 드러낸다. 워커의 실루엣 작업은 노예제도가 한창이던 19세기에 백인 사이에서 유행한 실루엣 초상화에서 착안한 것이다. 이 작업의 장점 가운데 하나는 전시장에 들어서는 순간 자신의 그림자가 작품 사이에 놓인다는 점인데, 이로써 관람객은 더욱 많은 것을 생각하게 된다.

다양한 예술 영역에서 복잡하게 변화하거나 더욱 견고해지는 인종차별 문제를 다루고 있다. 최근 몇 년 사이에 이런 작업들이 더욱 두각을 드러내고 있다. 이러한 흐름이 더욱 뚜렷하게 가시화되어 차별이 점점 사라지기를 희망한다.

소말리아 출신 음악가

케이난[K'naan]은 소말리아 출신 음악가다. 지금은 난민 자격으로 캐나다 국적을 획득했지만, 여전히 소말리아를 위한 활동을 펼치고 있다. 소말리아는 그가 열세 살이 되던 해 내전을 겪는다. 케이난은 친구의 죽음을 직접 목격하는 등 온몸으로 내전의 풍파를 겪는다. 그 후 뉴욕을 거쳐 캐나다 토론토에 정착하게 된다.

소말리아의 내전은 끝나지 않았다. 20년 가까이 진행된 전쟁 때문에 케이난은 모국으로 돌아갈 수 없다. 게다가 다른 국가들이 개입하면서 소말리아는 그야말로 아비규환의 장이 되어버렸다. 무작정 뉴욕으로, 또 토론토로 가는 동안 영어를 전혀 배우지 못했던 그는 독특하게도 힙합 음악을 들으며 영어를 익힌다. 특히 나스[Nas]와 라킴[Rakim]의 앨범을 들으며 영어를 접했다고 한다. 말 그대로 영어를 독학한 그는 자연스럽게 랩을 시작했다.

케이난은 1999년 UN에서 자신의 랩을 선보인다. 정확하게 말하면 랩이 아니라 시를 리듬감 있게 읊으며 음악과 함께 약간의 퍼포먼스를 더한, 이른바 '스포큰 워드'$^{Spoken\ word,\ 일종의\ 시\ 낭송}$를 펼쳐 보였다. 이를 계기로 그는 래퍼로서의 활동을 이어갈 수 있었다. 이후 2004년에 독자적으로 만든 앨범을 발표하고, 2005년에 첫 스튜디오 앨범을 발표했다.

「Wavin' Flag」

그는 전장의 한가운데에 있었던 만큼, 흑인음악의 갈래인 '갱스터 랩'을 의도적으로 피했다. 대신 긍정적·박애주의적인 이야기를 많이 하려고 노력하며, 때로는 자신이 겪은 비참한 현실을 풀어내기도 한다. 무엇보다 그 비참한 현실이 여전히 지속되고 있기 때문에, 계속 사회적인 메시지를 전하고 있다.

케이난은 2009년에 발표한 두 번째 스튜디오 앨범 『Troubadour』의 큰 성공으로 이름을 알리기 시작한다. 「Wavin' Flag」는 이 앨범에 수록된 작품이다. 이 작품은 2010남아공월드컵의 파트너사(社)였던 코카콜라와 함께 작업한 리믹스 버전으로 더 유명하다. 원곡역시 많은 사랑을 받았는데, 우리가 흔히 알고 있는 리믹스 버전과는 가사가 상당히 다르다. 리믹스 버전의 경우 비교적 쉽고 단순한 가사로 평화로운 느낌을 전달하지만 원곡은 소말리아 난민으로서보고 겪은 것을 그대로 담고 있다. 소말리아는 로마보다 강한 나라였다고 비유하면서 시작하는 작품은 그런 소말리아가 얼마나 처참한 곳이 되었는지 생생히 들려준다. 생존을 위해 싸우고, 믿음으로자유를 바랄 수밖에 없는 상황을 담아낸 가사에서는 애잔함이 강하

2011년 캐나다 밴쿠버에서 공연 중인 케이난.
케이난은 소말리아 출신 난민이다.
이처럼 독특한 정체성은 그의 작품 곳곳에서
쉽게 찾아볼 수 있다.
음악적으로도 '월드 뮤직'으로 분류될 정도로
에티오피아 재즈, 소말리아 음악 등을 차용한다.

게 느껴진다.

나이가 든다면 나는 강해지겠다
사람들은 날 자유라 부를 것이다
마치 휘날리는 깃발처럼. 그런 다음 다시 돌아가
♪ K'naan,「Wavin' Flag」중에서

이 가사에는 케이난의 의지가 그대로 담겨 있고 이는 리믹스 버전에도 여전히 남아 있다. 처참한 공간이 되었는데도 조국으로 돌아가고 싶은 마음, 그곳에 평화를 담고 싶은 마음이 절절히 느껴진다.

케이난은 힙합 음악가로 분류되지만, 이 작품에는 특정 장르의 이름을 붙이기 힘들다. 그의 음악에는 서사적 요소가 많다. 케이난 스스로 밝힌 것처럼 그의 음악은 소말리아 음악에 많은 영향을 받았다. 아프리카 음악의 영향도 느껴진다. 실제로 이 작품이 실린 앨범은 에티오피아 재즈 음악의 영향을 많이 받았다. 그의 독특한 보컬에서는 레게 음악이 들리기도 한다. 일부는 그의 음악을 '월드 뮤직'으로 분류하기도 한다. 이처럼 다양한 장르가 섞여 있는 음악이지만 케이난은 소말리아인 특유의 리듬과 정서를 담기 위해 노력했다. 그는 아프리카를 위한 활동도 끊임없이 펼치고 있다. 자신의 경험과 소말리아의 상황을 음악으로 풀어내 사람들에게 희망의 메시지를 전한 케이난은 음악 밖에서도 그러한 움직임을 계속하고 있는 것이다.

사람들에게 많이 알려진 리믹스 버전의 「Wavin' Flag」가 많은 사랑을 받으면서 케이난은 사회적인 목소리를 더 크게 낼 수 있었다. 이 작품은 2010년 아이티 대지진 당시 구호기금을 마련하는 데에도 쓰였다. 원곡과 다른 대중적인 리믹스 버전을 만들었을 때 비판받기도 했지만, 그는 2010남아공월드컵 개막 전야제에서 원곡을 부르며 소말리아 국기를 흔들었다. 그의 진심이 느껴지는 순간이었다. 케이난은 지금도 꾸준히 음악 활동을 하고 있으니 관심을 기울여보면 좋겠다.

2011년 디디(왼쪽), 빅 보이와 함께한 자넬 모네.
디디와 빅 보이는 자넬 모네의 든든한 우군이다.
빅 보이는 자넬 모네의 음악적 역량과 야망을
단번에 알아보았고,
디디는 여러 매체와의 인터뷰에서
그를 자신이 계약한 최고의 음악가로 꼽았다.

자넬 모네는 아주 어렸을 때부터 음악가를 꿈꿨다. 노래하고 무대에 서는 것을 자신이 가야 할 길로 삼은 것이다. 이후 그는 뉴욕에서 연기와 극작 등을 공부했지만 이내 다시 음악으로 방향을 튼다. 그리고 그는 자신과 뜻이 맞는 네이트 원더Nate Wonder, 척 라이트닝Chuck Lightning과 함께 원더랜드 아츠 소사이어티Wondaland Arts Society를 결성하며 본격적인 음악 활동을 시작한다. 그렇게 2003년 인디로 EP 『The Audition』을 발표한 것이 그의 데뷔였다.

이즈음 자넬 모네는 든든한 지원군인 빅 보이Big Boi를 만난다. 빅 보이는 그의 음악적 역량과 야망을 단번에 알아보고 그에게 손을 내민다. 이는 빅 보이가 속해 있던 힙합 그룹 아웃캐스트나 과거 던전 패밀리Dungeon Family 자체가 실험적이고 넓은 음악적 행보를 선보였기 때문이다. 이후 자넬 모네는 지금도 함께하고 있는 레이블 배드 보이Bad Boy와 계약을 맺는다. 레이블의 수장이자 오랜 시간 음악 비즈니스를 해온 디디Diddy는 여러 매체와의 인터뷰에서 자신이 계약한 음악가 가운데 손에 꼽을 정도로 성공한 음악가로 자넬 모네를 빼놓지 않고 이야기한다. 그만큼 자넬 모네라는 배드 보이와 디디에게 많은 영감을 주는 음악가다.

자넬 모네가 영향받은 영화

빅 보이와 디디가 그의 음악적 행보에 든든한 지원군이 되어주었다면, 그의 작품 세계를 받쳐준 사람은 프리츠 랑Fritz Lang, 1890-1976과 공상과학 소설가인 옥타비아 버틀러Octavia Butler, 1947-2006다. 프

그는 자신의 앨범들을 이야기할 때 '이모션 픽처'Emotion Picture라는 단어를 사용한다. 불완전한 형태의 예술이라는 음악을 이 시대 유일한 '이모션 픽처'로 완성시키려는 음악적 야망을 드러내는 것이다. 보통 앨범에 '그림'picture이라는 말은 쓰지 않으며, 비슷한 단어인 '모션 픽처'Motion Picture는 애니메이션을 의미한다. 반면 그는 자신의 작품을 '이모션 픽처'라 부르면서 작품에 담긴 이야기와 감정을 가시적으로 보여주겠다는 자신감과 의지를 표현한다. 『The Electric Lady』는 그의 높은 목표에 한 걸음 더 다가서 있다. 음악적인 완성도나 실험도 중요하지만 결국 몸이 반응하는 음악이 좋은 음악이라는 사실을 놓치지 않은 이 작품은 누구나 충분히 즐길 수 있다는 데도 의미가 있다.

자넬 모네가 발표한 『The ArchAndroid』와 『Electric Lady』의 내용은 결코 평범하지 않다. 두 앨범은 연속적인 콘셉트와 의미가 담겨 있다.

이처럼 자넬 모네는 자신의 커리어로 탄탄한 세계관을 구축했다. 이는 그의 연기 커리어와도 공통된 결을 지닌다. 즉 그는 자신의 커리어로 페미니즘을 실천한다고 해도 과언이 아니다. 또한 대중과 끊임없이 접점을 유지하기 때문에 더욱 주목받고 높은 평가를 받는다. 자넬 모네가 직접 제작하거나 참여한 대부분 작품이 페미니즘의 메시지를 공유하는 동시에 대중에게 많은 사랑을 받은 이유다.

원더랜드와 블랙 페미니즘

자넬 모네는 레이블 '원더랜드'^{Wondaland}를 세워 뜻을 함께하는 음악가들을 모았으며, 지데나^{Jidenna}라는 래퍼를 성공적으로 데뷔시켰다. 남성 래퍼인 지데나는, 자신의 출신이 나이지리아임을 당당하게 드러내는 동시에 자넬 모네처럼 늘 수트를 입고 다닌다. 그 역시 흑인으로서의 정체성을 뚜렷하게 표현하며, 소수자를 배려하는 자넬 모네의 가치관을 공유한다. 이러한 음악가를 계속 찾고 세상에 알리는 일 역시 자넬 모네의 중요한 역할 가운데 하나다.

자넬 모네는 처음부터 페미니즘을 표현했고, 그러다 보니 많은 이가 그에 대한 긍정적·부정적인 평가를 남겼다. 사람들이 자넬 모네의 성정체성을 궁금해하자 "나는 오직 안드로이드와 데이트한다"라고 답하며 성정체성을 공개적으로 정의하는 것을 회피했다. 자신이 대중 앞에 서는 예술가이지만 사생활은 보장받고 싶다고 말하기도 했다. 하지만 2018년 4월 제3집인 『Dirty Computer』 발매를 앞두고 한 매체와의 인터뷰에서 자신의 성적 지향이 범성애^{Pansexual}와 양성애라고 정의했다.

그는 동시에 퀴어와 여성을 지지하고 응원했다. 그들의 목소리를 열심히 들으며, 흑인여성의 정체성으로 많은 이야기를 남겼다. 워싱턴 여성행진에서 "여성은 그리고 흑인은 가려진 존재가 아니다. 우리에게도 이름이 있다"라고 연설한 바 있다. 또한 앞서 언급한 '섹스 파업'과 함께 '여성의 성기를 존중할 필요가 있다'는 생각도 『마리 끌레르』$^{Marie\ Claire}$를 비롯한 여러 패션지와의 인터뷰에서 당당히 밝혔다.

흑인여성이라는 정체성을 지닌 채 블랙 페미니즘을 꾸준히 이야기하는 자넬 모네는 깊이 있는 세계관을 만들고 자신의 이야기에 끊임없이 설득력을 부여한다. 그리고 그 내용을 결코 어렵거나 난해하지 않게 풀어낸다. 많은 사람이 그의 작품을 좋아할 수 있게끔 완성도를 높이고 메시지를 자연스럽게 전달하는 것이다.

최근에는 오랜만에 발표한 『Dirty Computer』로 대중과 평단의 고른 호평을 받았다. 46분짜리 영상과 함께 공개된 이 작품은 이전까지 유지했던 「메트로폴리스」 콘셉트가 아닌, 오로지 자넬 모네라는 사람에 집중한 첫 작품이다. 팝, 펑크, 네오 소울, 힙합, 알앤비를 절묘하게 오가는 이 작품에는 세계적인 영화음악감독 존 브라이언Jon Brion과 최고의 베이스 연주자 선더캣Thundercat 그리고 이미 전설이 된 스티비 원더가 참여했다. 그 결과 복수의 매체에서 평점 만점을 받았으며, 빌보드 차트 6위를 기록하는 등 성공을 거뒀다. 그만큼 앨범은 높은 완성도와 대중성을 동시에 지니고 있다.

이처럼 자넬 모네는 우리와 꽤 가까이에 있다. 그는 '삶을 살아가는 동료로서의 팝 스타'인 셈이다. 이렇게 개개인에게 힘을 실어주고, 그의 작품을 좋아하는 사람끼리 자연스럽게 어울리며 임파워링할 수 있게 해주는 것, 이것이야말로 팝 스타가 할 수 있는 이상적인 역할이 아닐까.

2014년의 비욘세와 마일리 사이러스

팝 음악 역사에서 2014년은 매우 의미 있는 해였다. 특히 팝 페미니즘에 관해서는 더욱 그렇다. 비욘세의 『Beyoncé』, 마일리 사이러스의 『Bangerz』, 퍼렐Pharrell의 『G I R L』, 릴리 알렌의 『Sheezus』 등 페미니즘을 이야기하는 앨범이 많이 발표된 해였기 때문이다. 넓게 보면 테일러 스위프트, 로드Lorde, 케이티 페리, 아리아나 그란데, 라나 델 레이의 작업도 팝 페미니즘 범주에 포함할 수 있다. 또한 이 해에 아델, 레이디 가가 등 세계적인 음악가들이 팝 페미니즘의 본격적인 기반을 다졌다.

비욘세의 『Beyoncé』는 그의 긴 음악 커리어에서 처음으로 자신의 이름을 걸고 발표한 앨범이다. 비욘세는 사전 예고 없이 앨범을 발표했고, 모든 작품의 뮤직비디오를 제작했다. 비욘세는 이런 방식으로 자신의 페미니즘을 이야기했고, 외부의 기준이나 시선을 신경 쓰기보다는 자기가 표현하고 싶은 욕망을 담았다. 또한 여성이 솔직한 욕망을 표현하지 못하게 하는 사회적 억압을 비판하는 목소리까지 담았다.

이렇게 비욘세가 '해체'를 이야기했다면, 마일리 사이러스는 그것을 거꾸로 이용해 비판의 목소리를 냈다. 남성중심사회가 만든 기준에서 벗어난 아름다움을 온몸으로 표현하는가 하면, 자신이 여성이라는 점을 거꾸로 이용해 사회를 비꼬기도 했다. 시간이 지나며 지금은 좀더 차분한 언어로 이야기하고 있지만, 마일리 사이러스는 공격적인 언사도 서슴지 않으며 페미니즘 논의에 큰 불씨를 지핀 사람 가운데 한 명이다. 그는 시네드 오코너^{Sinead O'Connor}와 성상품화에 관한 설전을 벌이기도 했다. 마일리 사이러스는 자신의 외모나 몸매가 세간의 '섹시하다'는 기준과 다르다는 걸 알고 오히려 그것들을 드러내며 섹시함이라는 개념 자체를 조롱하고 가지고 놀았다. 시네드 오코너는 그러한 행동이 성상품화에 일조할 뿐이라고 생각했기 때문에 둘은 설전을 벌였고, 후에 두 사람은 서로의 의도를 이해했다. BBC와의 인터뷰에서는 "여성들에게 그 무엇도 두려워하지 말라고 했기 때문에, 내 생각에 나는 가장 큰 페미니스트 가운데 한 명"이라고 당당히 말하기도 했다.

2014년의 퍼렐과 릴리 알렌

퍼렐은 『GIRL』에서 일관되게 '여성에 대한 애정, 존중, 예찬'을 드러내며 자신이 생각하는 페미니즘을 풀어놓았다. "아름답기 위해서는 꼭 피부가 하얘야 하고 말라야 한다는 미쳐버린 기준을 없애고, 또 바꾸고 싶었다"라고 말한 그는 '피부색, 체형, 성적 취향에 관

2017년 미국 로스앤젤레스 여성행진에 나선
마일리 사이러스.
마일리 사이러스는 남성중심 사회를
강하게 비판한다.
그의 작품은 미의 기준을 비꼬거나
공격적인 언사로 힐난한다.
자신의 몸을 적극적으로 활용해
'미'라는 개념 자체를 조롱하고 가지고 논다.

계 없이 당신을 여성으로서 존중한다'는 의미를 앨범에 담았다. 이
는 「Marilyn Monroe」의 가사에도 고스란히 담겨 있다.

이름을 밝히고
'나는 속박되지 않는 삶을 살 것을 맹세합니다'라고
알았으면 해, 힘은 나 자신 안에 있다는 걸
이제 더는 그만, 순종하지 말고 일어서. 스트레스 없이
난 내게 요구되는 일을 할 거야
세상 모든 여성이 자유로워질 때까지
♪ Pharrell, 「Know Who You Are」 중에서

릴리 알렌은 '절반의 성공에 그친 미러링'이라는 평가를 받았지
만 팝 음악시장 내에 만연한 남성중심적 사고, 태도, 기준 등을 비판
했다. 특히 「Hard Out Here」의 가사와 뮤직비디오에서 남성 스타
들이 차와 돈 같은 물질적 성과를 과시하고 여성의 성을 상품화하
는 음악시장의 고질적인 남성중심성을 꼬집었다. 하지만 이 과정에
서 릴리 알렌은 인종 문제에는 둔감한 모습을 보였고, 비판에 너무
집중한 나머지 섬세한 음악적 표현에는 실패했다는 평을 받았다.
이처럼 2014년은 팝 페미니즘의 해였다고 평가해도 과언이 아니다.
논의 자체가 활성화되었고 많은 사람이 팝 음악으로 페미니즘에 관
심을 품기 시작했기 때문에 그 자체도 성공이라 생각한다.

구체적인 담론으로의 확장과 비지니스

2014년 이후, 팝 음악시장에서 페미니즘에 관한 논의는 좀더 구체적으로 정돈된 한편 깊이 있는 담론으로 확장되었다. 비욘세는 블랙 페미니즘을 구체화했다. 흑인여성으로서 미국사회에서 살아갈 때 어떤 어려움에 직면했는지, 여러 문제가 교차할 때 어떤 메시지를 낼 것인지, 또 무엇이 필요한지 이야기했다. 흑인사회 내에서 여성들이 어떤 시선을 받고 있으며 어떤 위치인지도 『Lemonade』의 뮤직비디오에서 잘 보여줬다.

테일러 스위프트의 경우 '1달러 소송'을 하기도 했다. 콜로라도주 덴버에서 팬미팅을 했을 때, 지역 라디오 디제이였던 데이비드 뮬러David Mueller가 테일러 스위프트의 치마 속으로 손을 집어넣은 사건이 벌어졌다. 테일러 스위프트 측은 이 사실을 지역 라디오 측에 알렸고, 그는 즉각 해고됐다. 이후 데이비드 뮬러는 테일러 스위프트의 거짓말 때문에 해고되었다고, 300만 달러의 손해배상 소송을 제기했다.

테일러 스위프트는 성추행 혐의로 그를 맞고소했다. 당시 민사소송의 배상금을 1달러로 책정했는데, 경제적 배상이 문제가 아니라, 여성들이 처한 현실을 알리는 게 중요하다고 생각했기 때문이다. 결국 데이비드 뮬러가 낸 소송은 기각됐고, 그의 성추행 혐의는 인정됐다. 이 사건은 성추행 피해자가 피해 사실을 인정받기 위해 얼마나 힘든 과정을 거쳐야 하는지를 잘 보여준다. 팝 스타들이 던진 페미니즘 메시지가 모두 훈훈하게 수용된 것은 아니다. 2013년에 발표된 브리트니 스피어스Britney Spears의 「Work Bitch」라든지 리아나의 「Bitch Better Have My Money」는 '페미니즘'이라는 수사가 붙는 게 적절한지에 대해 논란이 있었다. 우선 'bitch'라는 단어를 어떻게 해석할 것인지에 관한 논란이다. 전복적으로 점령해 사용하자는 쪽과 여성을 비하하는 뜻이니 더는 사용하지 말자는 쪽으로 갈렸다.

> 열심히 일하는 거야, 네가 전문가인 것처럼
> 자, 봐봐. 지금 오고 있으니까
> ♪ Britney Spears, 「Work Bitch」

사실 이 작품들은 여성을 지나치게 강압적으로 묘사했다는 점에서 더 크게 논란이 되었다. 강한 여성, 욕하는 여성, 센 여성은 전복적인 이미지를 지니고 있기 때문에 쾌감을 준다. 그래서 이러한 이미지걸 파워를 페미니즘으로 볼 수 있다는 시각이 있는 반면, 그러한 여성 이미지도 결국 상품에 불과한 것 아니냐는 지적도 있다.

> 루이 13세프랑스의 고급 술는 내가 통째로 살게
> 너희 자식들은 그저 잔으로 사지
> 젠장, 네 아내도 새로 산 내 외제차 뒷자석에 있어
> 잊어버린 척하지 마, 명령은 내가 한다고
> ♪ Rihanna, 「Bitch Better Have My Money」

한국에서도 '걸 크러쉬'라는 이름을 무분별하게 붙이는 경향이 있다. 센 여성의 이미지가 여성에게 호소할 수 있다는 점을 이용해 중성적이고 강한 여성이라는 이미지만 취하는 경우가 많다. 최근 해외에서는 클릭 베이트 페미니즘Click bait Feminism이라는 말까지 생겨났다. 말 그대로 인터넷상에서 클릭을 모으기 위한 수단으로 페미니즘을 쓰는 것이 아니냐고 의심하는 것이다.

판매를 위해 '걸 파워' 이미지를 쓰는 일은 스파이스 걸스Spice Girls 이후 꾸준히 존재했다. 최근에는 저가와 고가를 불문하고 각종 패션 브랜드에서 페미니즘을 지지하는 문구를 상품에 넣고 있다. 그러한 움직임을 페미니즘에 대한 지지로 볼 것인지, 또는 단순히 마케팅 전략으로, 문화적 흐름에 편승하는 시도로 볼 것인지는 누가 규정할 수 없다고 생각한다. 수용자들이 이를 받아들이는 태도나 사용하는 방식에 따라 그 의미가 생기는 경우도 있고 그렇지 않은 경우도 있기 때문이다.

이제 페미니즘은 여러 기업이나 음악가에게 하나의 브랜딩 전략으로 쓰이는 경우가 점차 늘어나고 있다. 하지만 가장 역설적인 점은 페미니즘을 외치는 팝 음악가들이 여전히 남성중심의 시각에서 봐도 예쁘고 섹시하다는 점이다. 물론 섹시함이나 섹스어필이 시장에서 판매되는 대상이기만 한 것은 아니다. 주체적으로 욕망을 드러내는 과정으로 여긴다면 이는 하나의 권리이기도 하다. 그러나 미디어로 이를 접하는 수용자들은 직접적인 의사소통의 과정을 거치지 못하기 때문에, 기존의 가부장적인 시선으로 여성 음악가들과 페미니즘을 소비하기 쉽다. 결국 팝 페미니즘이 성숙하려면 음악시장에 종사하는 다수, 또 이를 수용하는 다수가 페미니즘을 접하고 실천해야 한다는 원론적인 결론을 피할 수 없다.

그래도 고무적인 건, 페미니즘이 브랜딩 전략으로 쓰일 만큼 많은 사람에게 알려졌고 가까워졌다는 것이다. 페미니즘 제1~3물결부터 2019년의 페미니스트들까지 오랜 기간에 걸쳐 많은 이가 페미니즘을 실천해오고 있지만, 지금만큼 페미니즘 자체에 대한 접근성이 높았던 적은 없었던 것 같다. 그것이 어떤 페미니즘이라고 불리든 간에 페미니즘은 소중하고 필요하다. 이러한 상황을 동력 삼아서 더 많은 페미니스트가 힘을 냈으면 하는 바람이다. 페미니즘 열풍은 이제 시작이다.

성적 욕망을 이야기하기 시작한 여성들

2017년 팝 음악의 전반적인 흐름과 현상은 바로 기존의 가치관이 만들어낸 '여성스러움'을 벗어난 이들이 성공했다는 점이다. 바바라 크리드^{Barbara Creed}는 시네페미니즘의 대표적인 저자다. 한국에도 2017년 출간된 『여성 괴물』^{The Monstrous Feminine}에서 그는 '바기나 덴타타'^{Vagina Dentata}, 즉 '이빨 달린 질'이라는 개념으로 수많은 신화와 영화에서 여성의 존재가 어떻게 드러나는지 분석한다. 여성에게 거세당할지도 모른다는 공포를 지닌 남성이 어떤 식으로 그러한 두려움을 표현하고 비유했는지 영화로 분석한 것이다. 그는 「죠스」^{Jaws}부터 「피라냐」^{Piranha}, 「감각의 제국」^{In the Realm of the senses}, 「원초적 본능」^{basic instinct}까지 여러 영화에 등장하는 '입'과 '절단'의 이미지를 거세에 대한 남성의 두려움으로 해석한다.

'여성 괴물'이라는 개념은 음악에도 적용할 수 있다. 최근 알앤비 음악에서는 능동적인 여성이 직접 자신의 성적 욕망을 이야기한다. 과거에는 음악에서조차 여성은 언제나 수동적이었다. 남성을 기다리고, 남성에게 무언가를 바라며, 심지어는 성적 욕망을 이야기할 때도 '하고 싶다' '해줘'가 대부분이었다. 머라이어 캐리를 비롯한 1990년대, 2000년대 팝 가수들이 부른 대부분 노래가 그런 식이었다. 최근 아리아나 그란데가 위켄드^{The Weeknd}와 함께 불렀던 「Love Me Harder」도 마찬가지다.

이제 예쁘고 섹시한 여성이 수동적으로 성적 욕망을 이야기하는 시대는 저물었다. 2017년부터 여성 괴물이 성공을 거두고 있다. 물론 비욘세나 리아나 등 예쁘고 섹시한 여성들이 주체적으로 욕망을 드러낼 때, 그들을 대상화하는 기존의 가부장적 시선은 여전히 남아 있지만 이제 그러한 세태가 조금씩 바뀌고 있다.

2014년에 니키 미나즈가 보여준 거친 모습, 즉 과잉성욕자^{hypersexual}같은 모습은 이를 페미니즘으로 볼 수 있을 것인지에 관한 논란을 낳았지만, 지금의 니키 미나즈는 명실상부 스스로 여성 괴물을 자처한 강하고 멋진 음악가다. 기존의 가치관이 만들어낸 '여성스러움'에서 벗어난 여성들이 성공을 거두었다는 것은 여러모로 흥미로운 현상이다. 그러한 시도가 처음 있는 것은 아니다. 2010년대 초반, 케이 미셸^{K. Michelle}이 자신의 성적 욕망을 솔직하게 드러내며 그러한 흐름의 시작을 알렸는데, 안타깝게도 당시에는 주목받지 못했다. 과거 알앤비 음악이 남성중심적이었고, 남성 음악가들이 1980년대부터 오랫동안 작품에 자신의 성적 욕망을 드러냈다는 점을 생각하면, 케이 미셸의 시도는 큰 의미가 있다.

2015년 미국 뉴욕에서 공연 중인 니키 미나즈.
니키 미나즈는 활동 초기에
과연 그가 페미니즘을 이야기하는지
논란을 낳았지만
지금의 그는 명실상부 스스로 여성 괴물을
자처하는 강하고 멋진 여성 음악가다.
기존의 가치관이 만들어낸 '여성스러움'에서
벗어난 여성이 성공을 거두었다는 것
자체가 의미 있는 일이다.

너를 그리워하는 것은 너무 힘든 일이야
차라리 너와 섹스하고 싶어
♪ K. Michelle,「Hard To Do」중에서

지금까지는 이런 음악이 작품의 완성도와 무관하게 주목받지 못
했다면, 시저가 발표한『CTRL』은 음악적인 측면에서도 많은 매체
가 호평한 동시에 가사의 의미도 주목받았다.

새 친구들이 생겼다고 들었어. 새로운 취미도 생기고
새로운 년도 생겼다며
어쩌면 걔가 너와 그 짓을 하고
네 걸 해줄 수도 있겠네 우리가 끝나고 나면
끝난 건 끝난 거니까 딱히 뭘 하거나 그러고 싶진 않아
비밀을 말해줄게, 난 네 절친이랑 몰래 자곤 했어
네가 발렌타인데이에 종일 라스베이거스에 있을 때 말이야
♪ SZA,「Supermodel」중에서

「Love Galore」에서는 "니네 남자놈들처럼 나도 여자 좋아하고 그
래" 같은 가사로 자유분방하고 가벼운 요즘의 연애를 이야기하고
「Drew Barrymore」에서는 데이트 폭력, 「Normal Girl」에서는 여성
을 바라보는 사회적 시선에 관해 이야기한다. 미국에 사는 평범한
20대 흑인여성의 이야기를 담고 있는『CTRL』은 그 내용 하나하나

가 지독히 현실적이다.

최고의 알앤비 음악가 가운데 한 명인 저네이 아이코^{Jhene Aiko}는 『TRIP』에서 약물에 관한 자신의 경험을 이야기한다. 저네이 아이코는 한 매체와의 인터뷰에서 자신을 순수한 여성 이미지로 바라보는 시각에 대해 지적했다. 자신은 딸이 있는데도 어떻게 그런 이미지를 생각할 수 있는지 의아하다고도 했다. 앨범 『TRIP』은 전반적으로 약물에 관한 경험담을 담았다. 앨범은 단편영화와 앨범 그리고 책이 하나로 묶여 있는 프로젝트의 일부로, 저네이 아이코는 어둡고 깊이 있는 세계를 선보인다.

이처럼 2017년에는 전형적인 이미지를 거부하는 동시에 그 자체로 대중에게 많은 사랑을 받은 여성 음악가들이 주목받았다. 프린세스 노키아^{Princess Nokia}와 켈라니는 각각 『1992 Deluxe』와 『SweetSexySavage』라는 작품으로 두 사람이 태어난 그리고 문화적으로 영향받은 1990년대를 선보인다. 두 사람 모두 '톰보이'^{tomboy,} ^{중성적인 매력을 지닌 여성} 이미지를 드러내는 등 '여성성'에 관한 의문을 제기한다.

난 정말 마블을 좋아해, 캐릭터들이 나 같거든
그리고 여성들이 너무 섹슈얼하게 보이는 역할을 안 하잖아
♪ Princess Nokia, 「G.O.A.T」 중에서

팝 음악 역사에서의 2017년

카디 비^{Cardi B}는 1998년 로린 힐의 「Doo Wop (That Thing)」이
후 처음으로 피처링 없이 본인의 랩만 담은 「Bodak Yellow(Money
Moves)」으로 빌보드 차트 1위를 기록했다. 카디 비는 역대 다섯 번
째 빌보드 차트 1위 여성 래퍼다. 그는 이 외에도 많은 기록을 경신
하며 새 역사를 썼다. 오랜 시간 니키 미나즈 외에 상업적으로 성공
했다고 할 수 있는 여성 래퍼가 전무했던 가운데 등장했기에 더욱
의미가 크다. 카디 비와 니키 미나즈는 축하와 감사 인사를 SNS로
나누기도 했다. 카디 비는 니키 미나즈가 있었기 때문에 지금의 자
신이 있을 수 있었다고 이야기했다.

카디 비는 『마담느와르』^{Madamenoire}를 비롯한 복수의 매체에서 스
스로를 페미니스트라고 이야기한 바 있다. 『뉴욕 타임스』^{The New York}
^{Times}를 비롯해 그를 10대, 20대 여성에게 영웅 같은 존재라고 평가
하는 매체도 있었다. 사실 카디 비는 스트리퍼 출신이고 SNS에서
먼저 알려진 인물이다. 이후 TV 프로그램 등 여러 미디어에서 얼굴
을 드러내는가 하면, 레게와 힙합을 아우르는 음악 스타일로 음악
적 정체성을 구축하기도 했다. 자신의 과거를 당당하게 여기는 동
시에 자신의 생각을 분명하게 전달한다는 점에서 카디 비는 매력
있다.

리코 내스티^{Rico Nasty}, 이샤나^{Ishawna} 등 음악시장에 새로운 방향을
제시하는 데 힘이 되는 음악가가 늘고 있다. 특히 이샤나는 남성중
심적이고 동성애혐오가 만연했던 레게, 댄스홀 시장에서 여성의 힘

과 목소리를 이야기한다. 2017년 가장 뜨거운 이슈 가운데 하나였던 이샤나의 「Equal Rights」의 가사에는 자신의 남성에게 구강성교를 받고 싶다고 말하는 여성의 모습이 담겨 있다. 상황과 표면적인 이야기 자체는 자극적이지만 가사의 맥락을 잘 살펴보면 남성과 여성의 동등함을 강조하고 있다. 이는 많은 논쟁을 낳았다.

이처럼 2017년에는 끊임없이 좋은 작품이 발표되었고, 의미 있는 사건이 일어났다. 『지니어스』^{Genius}를 비롯한 몇몇 매체는 2017년의 팝 음악은 과거와는 다른 현재를 보여줬다고 평가하기도 했다. 시간이 지나고 나서 보더라도 2017년은 앞선 2010년대의 어느 해보다 여성 음악가의 새로운 시도가 많은 해였으며, 따라서 팝 페미니즘의 가장 의미 있는 해가 아닐까 한다. 2017년의 팝 음악은 과연 어떤 느낌인지, 앞서 소개한 음악을 하나씩 찾아 들어보길 권한다.

케샤의 용기와 여성의 연대

세계에서 권위를 인정받는 그래미 어워드는 2018년에 60주년을 맞이했고 1월 28일 성황리에 개최됐다. 팝 스타 브루노 마스^{Bruno} ^{Mars}가 올해의 레코드, 올해의 앨범, 올해의 노래 등 전체 부문을 휩쓸었다. 에드 시런^{Ed Sheeran}이 팝 부문에서 두 개의 상을 받았고, 많은 부문에 후보로 올랐던 차일디시 감비노^{Childish Gambino}는 본명인 도널드 글로버^{Donald Glover}로 에미 어워드^{Emmy Award}와 그래미 어워드에서 모두 상을 받으며 다재다능함을 입증했다. 힙합을 차별한다는 이유로 오랜 시간 그래미 어워드를 보이콧해온 제이지는 총 여덟 개 부문에 후보로 올랐지만 상은 하나도 받지 못했다.

이 외에도 그래미 어워드에서는 페미니즘과 관련해 주목할 만한 일이 많았다. 관련해서 자넬 모네는 의미심장한 발언을 했다.

예술가로 그리고 젊은 여성으로서 여러 곳에서 음악 비즈니스를 만들어가고 있는 가수, 작곡가, 대표, 프로듀서, 엔지니어 등의 자매들과 연대할 수 있어서 자랑스럽다. 우리는 딸이자 아내, 여자 형제, 엄마 그리고 인간이기도 하다. 우리는 평화를 원한다. 그러나 우리는 비즈니스를 한다. 우리를 감히 조용하게 하려고 하는 이들에게 두 단어를 내놓겠다. 'Time's up'^{'때가 되었다'는 의미로 300명} ^{이 넘는 할리우드 배우,작가,감독,프로듀서 등이 시작한 직장 내 성폭력 근절을 위한 프} ^{로젝트}. 임금 차등 지급과 각종 차별, 여러 종류의 부당함과 괴롭힘에 대해 말할 때가 되었다. 권력의 남용에 관해 말할 때도 되었다. 왜냐하면 아시다시피 워싱턴^{정계}뿐 아니라 헐리우드^{엔터테인먼} ^{트 산업}에서도 일어나고 있기 때문이다.

이어진 케샤의 공연은 감동적이었다. 신디 로퍼, 카밀라 카베요 ^{Camila Cabello}, 줄리아 마이클스^{Julia Michaels}, 안드라 데이^{Andra Day}, 비비 렉사^{Bebe Rexha} 등 뛰어난 여성 음악가들이 케샤의 무대를 도와 연대를 보여줬다. 오랜 경력을 지니고 있으며 1980년대에 이미 페미니즘 메시지를 음악으로 전달한 신디 로퍼와 올해의 신인상 후보 줄리아 마이클스, 최근 세계적으로 많은 사랑을 받고 있는 카밀라 카베요가 한자리에 모인 것도 화제였다.

그래미 어워드의 주 무대를 꾸민 케샤는 자신이 성추행 피해자임을 이야기하고, 음악 비즈니스 내에서 이러한 폭력이 어떻게 이뤄지는지 드러낸 음악가다. 비비 렉사 역시 레이블에서 "외모 때문에 데뷔할 수 없다"라는 소리를 듣고 실제로 한동안 데뷔하지 못했다. 그러나 비비 렉사는 좌절하지 않고 티나셰^{Tinashe}의 「All Hands on

2018년 그래미 어워드에서 공연 중인 케샤.
2018년 그래미 어워드의 주 무대에서
공연한 케샤는 그 자리에서
자신이 성추행 피해자임을 이야기한다.
음악 산업 내에서 성폭력이 어떻게
자행되는지를 용감하게 폭로한 것이다.

Deck」, 샤이니의 「루시퍼」 등 수많은 팝 음악을 만든 유능한 작곡가로 활동했으며, 가수 데뷔 후에도 많은 사랑을 받고 있다.

「1-800-273-8255」

로직은 그래미 어워드에서 「1-800-273-8255」를 선보이며 큰 메시지를 전했다. 이 작품의 제목은 미국 자살방지센터의 전화번호다.

로직은 MTV 비디오 뮤직 어워드에서 그랬던 것처럼 한때 자살을 생각했으나 극복해낸 이들과 함께 무대를 꾸몄다. 로직은 공연 후반에 흑인과 여성, 이민자의 인권에 대해 다음과 같은 메시지를 던졌다.

흑인은 아름답다. 증오는 추하다. 여성들은 내가 지금껏 본 어떤 남성보다 소중하고 강하다. … 목소리를 내는 것을, 특히 기회가 생긴 순간에는 두려워하지 말자. 이 세상의 악함이 힘을 감추려고 했으니, 약하지 않지만 아직 힘을 찾지 못한 이들을 위해 일어서서 싸우자. 다양한 문화, 다양성, 수천 년의 역사로 가득한 아름다운 나라의 사람들이여, 여러분의 나라는 거지 소굴^{Shithole, 도널드}트럼프Donald Trump 미국 대통령은 난민이 발생하는 국가를 거지 소굴이라고 말한 바 있다이 아니다. 평등하지 않고, 변화를 위한 준비가 되지 않은 세상에서 평등을 위해 싸우는 이들은 지쳤으며 쉴 곳을 찾고 있다. 가난한 이민자에게 우리를 데려가 달라고 말하고 싶다. 함께한다면 우리는 더 나은 나라를 만들 뿐 아니라 세상을 뭉치게 할 수 있을 것이다.

한편 「Havana」로 전 세계적으로 사랑받는 카밀라 카베요는 시상식에서 유투^{U2}의 무대를 소개하며 이렇게 말했다.

우리는 아메리칸드림을 꿈꾸는 이들이 미국을 형성했다고 기억한다. 나의 부모는 아무것도 없이 희망만 지닌 채 미국에 나를 데려왔고 두 배로 일했으며 절대 포기하지 않았다. 내 이야기는 그들(꿈꾸는 이들, 이민자)과 다르지 않다. 나는 이스턴 하바나에서 태어난 쿠바-멕시코 이민자라는 것이 자랑스럽고, 결국 그래미 어워드 무대에 올랐다.

최근 도널드 트럼프 대통령이 반이주민 정책을 강조하고 이에 많은 사람이 반발하고 있는 가운데, 카밀라 카베요는 쿠바-멕시코 이민자로서 강력한 메시지를 전달했다.

뉴질랜드 출신의 팝 음악가 로드는 드레스 뒤에 강렬한 글귀를 적은 메모지를 붙였다. 덕분에 그의 드레스는 어떤 시상식 드레스보다 아름답다는 평가를 받았다. 로드는 미국의 예술가 제니 홀저$^{Jenny\ Holzer}$의 작품에서 발췌한 이 문장이 하얀 장미를 대신한다고 밝혔다. 하얀 장미는 최근 일어나고 있는 'Time's Up' 캠페인의 상징이다. 레이디 가가를 비롯해 하이디 클룸$^{Heidi\ Klum}$, 카디 비, 제인

말릭^{Zayn Malik}, 할시^{Halsey}, 리타 오라^{Rita Ora}, 톰 모렐로^{Tom Morello} 등 여러 가수가 그래미 어워드에 하얀 장미를 들고 입장했다. 로드가 드레스에 붙인 글은 다음과 같다.

기뻐합시다! 우리의 사회는 관용적이지 못합니다. 용기를 품읍시다. 최악은 최고의 조짐입니다. 오직 끔찍한 상황만이 억압하는 자의 전복을 촉진할 수 있습니다. 낡은 것, 옳은 것은 승리하기 전에 버려야 합니다. 모순은 심해질 것입니다. 심판은 종자가 교란될 때 재촉될 것입니다. 아포칼립스가 피어날 것입니다.

외에도 핑크가 부른 「Wild Hearts Can't Be Broken」은 앞서 소개했듯이 20세기 초 영국의 여성참정권 운동을 다룬 영화 『서프러제트』를 위해 만든 작품이다. 이 작품은 최근 #MeToo 캠페인이 온라인에서 활발하게 일어나는 과정에서 일종의 주제가처럼 불리고 있다. 핑크는 이 캠페인을 지지하는 의미에서 이 작품을 그래미 어워드에서 직접 불렀다.

그래미 어워드 무대뿐 아니라 밖에서도 페미니즘 논쟁와 움직임이 일어났다. 각종 매체에서 시저의 음악을 올해 최고의 앨범으로 꼽았지만, 시저가 수상하지 않은 것을 두고 그래미 어워드의 성차별과 인종차별이라고 비판했다. 호주 출신의 여성 래퍼 이지 아젤리아^{Iggy Azalea}를 필두로 남성중심적인 그래미 어워드를 보이콧하자는 의견이 쏟아졌다. 로드의 어머니이자 뉴질랜드 시인 손자 예리치[Sonja Yelich]는 "최근 6년간 그래미 어워드 후보에 올랐던 899명의 후보 가운데 9퍼센트만이 여성이었으며, 로드는 올해의 앨범 부문에 오른 유일한 여성 음악가인데도 무대가 없었다"라는 『뉴욕 타임스』의 기사를 인용하며, 그래미 어워드의 문제점을 지적했다. 앞으로 그래미 어워드가 이러한 비판을 얼마나 수용할지 흔들림 없이 지켜봐야 할 것이다.

페미니즘에 관한 논의가 많아지는 팝 음악시장

과거보다 여성의 목소리가 높아졌다. 세계적인 인지도를 지닌 여성 팝 스타도 많다. 그중에는 내한을 앞두거나 이미 내한한 음악가도 있다. 찰리 XCX^{Charli XCX}, 두아 리파^{Dua Lipa}, 할시, 그라임스^{Grimes}, 로드 등이 그렇다. 여기에 시드^{Syd}, 유에스 걸스^{US Girls}까지, 내한한 페미니스트 팝 스타는 생각보다 많다. 두아 리파의 「New Rules」처럼 통통 튀며 현실적인 이야기를 하는 작품도 있고, 유에스 걸스의 『Half Free』처럼 앨범 전체에서 페미니즘 메시지를 전달하는 경우도 있다.

최근 팝 음악시장은 여성 솔로 팝 음악가의 활동이 눈에 띈다. 앞서 말한 두아 리파 외에도 비비 렉사, 앤-마리^{Anne-Marie}, 줄리아 마이클스^{Julia Michaels} 등 음악시장 내에서 점차 입지를 굳혀가고 있는 음악가가 늘고 있다. 특히 이들은 모두 과거의 기획된 팝 스타와는 다르게 적극적으로 자신의 모습을 드러내고 자신의 이야기를 꺼내며 각종 사회 이슈에 적극적으로 대응하기도 한다. 또한 여성으로서 자신이 겪었던 일을 인터넷으로 활발하게 공유한다. 예를 들어 비비 렉사는 이전 소속사에서 "너는 가수를 할 수 없는 외모이니 작곡만 해라"라는 이야기를 들었다고 밝혔다. 과거에는 이러한 이야기를 숨겨야 했다. 그렇지 않으면 권력을 지닌 소수가 피해를 주었기 때문이다. 그러나 지금은 환경이 바뀌었고, 빠른 공유와 적극적인 대응으로 많은 사람이 연대에 동참한다. 그래서 팝 음악 내에서도 페미니즘에 관한 논의가 점점 많아지고 있다.

미국의 공영라디오방송 NPR에서는 'First Listen'이라는 코너에서 좋은 신보를 소개한다. 어떤 앨범을 들려줄지는 다양한 장르와 영역의 전문가들이 선정한다. 2014년 9월 7일, 이 코너는 로웰Lowell이라는 아티스트의 신보 『We Loved Her Dearly』를 소개했다. 그런데 이 앨범에 대한 설명이 꽤 인상적이다.

비욘세는 무대에 섰고, 거대한 스크린에 'FEMINIST'라는 단어를 띄웠다. 테일러 스위프트는 그가 페미니즘을 가혹하게 판단했다고 하며, 실현하는 것 없이 페미니스트의 자세를 취했다고 반성했다. 세계에서 가장 큰 팝 스타 두 명이 성숙한 태도로 '성정치'를 생각하고 공개적으로 의견을 밝힌 건 감동적·생산적이었다. 하지만 새로운 아티스트가 커리어의 시작에서 페미니즘의 관점을 온전히 보여주는 것 역시 똑같이 중요하다.

평등을 사수할 때도 당신은 즐거워야 한다

로웰은 캐나다 등지를 유랑하며 자랐고 토론토 대학교에 입학했지만 곧 그만둔다. 이후 스트립클럽 댄서로 일하는데, 당장 생계를 해결하고 기회가 왔을 때 바로 음악 활동을 할 수 있게 돈을 모으기 위해서였다고 한다. 그 뒤 작곡을 하기 시작했고, 여러 프로듀서의 눈에 띄게 된다.

유명한 프로듀서에게 초대되어 런던에서 작업을 시작하는 등 금방 안정적인 길을 찾는 줄 알았지만, 로웰은 그 자리가 마음에 들지 않았다. 자신이 생각한 비전과는 다른 길이었던 것이다. 음악도 좋지 않았다. 런던에서는 소위 말해 '팔릴 만한' 음악을 작업했고, 그래서 합이 맞지 않았다. 결국 그는 독자적으로 EP를 만들고 첫 싱글 「Cloud 69」을 발표했다. 그는 신곡을 계속 발표하며 앨범을 준비했고, 마침내 『We Loved Her Dearly』를 세상에 내놓았다.

여러 곳에서 호평받고 있는 로웰의 이 앨범은 팝 음악의 문법을 기반으로 하고 있다. 여기서 말하는 팝 음악은 외국음악 전체나 유명한 작품이 아닌, 신스팝synyhpop, 일렉트로팝, 테크노팝으로 알려져 있으며 신시사이저를 주 악기로 사용한다이나 드림팝dreampop, 1980년에 영국에서 시작된 록의 하위 장르로서 몽롱한 분위기가 특징이다 같은 장르를 가리킨다. 로웰의 보컬은 팝 음악의 색을 강하게 띠고 있다. 여기에 자신이 영향받은 다양한 장르를 곳곳에 집어넣어 자칫 진부하게 느껴질 수 있는 팝 음악에 독창성을 부여한다.

그러나 무엇보다 그의 정체성은 바로 가사다. 굉장히 정치적인

2013년 캐나다 토론토에서 공연 중인 로웰.
로웰의 가장 뛰어난 능력은 굉장히 정치적인
메시지를 팝 음악으로 잘 소화해낸다는 것이다.
그런 점에서 그는 현실적인,
피부에 와닿는 임파워링을 하는 음악가다.

이야기를 팝 음악에 자연스럽게 섞어내는 것이야말로 로웰이 지니고 있는 최고의 능력이 아닐까 싶다. 그는 "팝 스타라는 조명 따위보다 나를 움직이는 건 사람들의 삶에 미치는 긍정적인 영향"이라고 말한다. 그가 하고자 하는 건 더욱 현실적인, 피부에 와닿는 임파워링이다.

그래서 로웰은 「LGBT」라는 작품을 발표했다. 제목만 봐도 알 수 있듯이 퀴어를 위한 작품이다. 'L.G.B.T. L.O.V.E' 'Don't hate our love'우리의 사랑을 증오하지 마세요라는 후렴구가 인상적인 이 작품은 자신만의 스타일로 퀴어에. 관한 이야기를 풀어낸다.

작품의 초반부와 중반부는 백 보컬코러스을 적극적으로 활용하고, 몽글몽글한 사운드를 배치해 '귀엽다' '예쁘다' '발랄하다' 같은 수식어를 연상시킨다. 쉬운 음악적 구조와 밝고 가벼운 분위기 속에서도 균형 잡힌 사운드로 귀를 사로잡다가 후반부에 은근히 빨라지는 속도로 힘 있는 전개를 선보이며 강한 인상을 남긴다. 그러면서도 드럼 라인Drumline과 이펙트Effects를 활용해 마냥 가볍고 예쁘게만 보일 수 있는 작품을 비튼다. 스스로 양성애자임을 공개한 그는 자신의 경험을 이 작품에 담아 앨범에 실었고, 싱글로도 발표했다.

로웰은 성정치, 성차별, 강간, 낙태, 여성인권 등을 가사에 녹여낸다. 가장 큰 장점은, 가사와 음악 간의 괴리가 느껴지지 않는다는 것이다. 얼핏 보면 예쁜 팝 음악에 자극적인 가사를 입혀 어색하지 않을까 싶지만, 은근히 분위기를 비튼 뒤 태연하게 가사를 쓴 작품을 듣노라면 새삼 대단하다고 느껴진다.

「The Bells」의 뮤직비디오에서는 성적 대상화의 존재인 학교 치어리더의 이미지를 비틀어 호러 영화의 요소와 섞는 등 새로운 시도로 기존의 관념을 비틀었다. 또한 "절대로 금기시되어서는 안 된다"라고 말하며 성판매 여성들의 임파워링을 주장한다. 이렇게 다양한 이슈를 짚어내면서도 로웰은 절대 조급해하지 않는다. 과도하게 메시지를 담아내거나, 주장만 앞서지 않는 것이다. 그래서 음악 자체가 지닐 수 있는 매력과 즐거움을 지켜낸다.

로웰이 대단하다고 느껴지는 건, 오직 음악으로만 할 수 있는 운동을 하고 있다는 점이다. 그는 활동가가 아닌 음악가이며, 동시에 음악으로만 행동할 수 있는 방식에 충실하다. 물론 음악 자체도 훌륭하다. 그는 팝 음악이라는 장르 고유의 아름다움을 애써 흐트러뜨리지 않으면서도 자신이 하고 싶은 이야기를 한다. 그는 자신이 하고자 하는 바를 뚜렷하게 구현한다. 로웰이 가장 중시하는 가치는 '평등을 사수할 때 당신은 즐거워야 한다'는 것이다. 그 가치를 지키기 위해 그는 음악을 하고 있다. 로웰의 음악을 듣고 있으면, 나도 나의 투쟁을 즐겁게 할 수 있을 것 같다. 이것이 로웰의 임파워링이다. 사회적 투쟁은 진지하고 소중한 것이지만, 그만큼 즐겁고 끈기 있게 유지하는 것 그리고 지속적으로 힘을 충전하는 것도 중요하다.

30 페미니즘 펑크, 푸시 라이엇

성모시여, 푸틴을 몰아내주소서

푸시 라이엇Pussy Riot은 이제 유명한 밴드다. 이들은 여러 명의 음악가로 구성된 페미니스트 펑크 록 밴드로 1990년대 미국의 페미니스트 펑크 그룹 라이엇 걸Riot Girl에 영감받아 이름을 푸시 라이엇으로 지었다고 한다. 결성 이후 꾸준히 게릴라식 공연을 펼치고 있는데, 얼굴에 복면을 하고 민감한 주제를 노래에 담아 부른다. 그러던 가운데 2012년 러시아 대선을 앞두고 모스크바의 구세주 그리스도 대성당 중앙제단에서 "성모시여, 푸틴을 몰아내주소서"라는 가사의 노래를 부르다 체포되었다. 세 명이 체포되었고, 한 명은 집행유예, 나머지 두 사람은 징역 2년을 선고받는다.

이러한 러시아의 결정은 오히려 푸틴의 독재자 이미지를 강화하는 꼴이 되었다. 폴 매카트니Paul McCartney는 물론 마돈나, 스팅Sting, 뷰욕Bjork, 레드 핫 칠리 페퍼스Red Hot Chili Peppers 등 세계적인 음악가들이 푸시 라이엇을 응원하고 석방을 촉구했다. 국제 엠네스티는 이들을 양심수로 규정했다. 결국 형량을 채우기 전 사면되었지만,

두 사람은 몇 개월을 감옥에서 보내야 했다.

하지만 그렇다고 그들이 쉽게 굴복할 리 없다. 2013년에 사면된 푸시 라이엇은 2014년 2월에 멤버 가운데 아홉 명이 길거리에서 절도 혐의로 연행되었다가 몇 시간 만에 풀려났다. 2012년 체포에 대한 항의 시위를 하기 위해 소치 시내로 모인 이들을 사전에 체포한 것이다. 이게 끝이 아니다. 2016년에는 「Straight Outta Vagina」라는 작품을 발표해 도덜드 트럼프를 비판했고 그의 당선 1주년에 맞춰 「police state」를 발표하기도 했다. 이들은 세계적인 음악가들의 지지를 등에 업고 더욱 적극적으로 활동하는 중이다.

다른 이들을 들여라
여성의 목소리를 들어라
흑인 아이를 그만 죽여라
미국을 다시 한번 위대하게 만들어라
♪ Pussy Riot, 「Make America Great Again」 중에서

러시아라는 보수적인 나라에서 푸시 라이엇은 퀴어를 지지하고, 페미니즘을 선보이며 푸틴의 퇴진을 요구한다. '성차별주의자를 죽이자' 라는 의미인 「Kill the Sexist」처럼 음악에 거친 메시지를 담아낸다. 러시아 내에서는 공권력의 힘에 눌리는 듯했지만, 결국 전 세계적인 지지를 이끌어내고 러시아에서도 관련 주제가 공론화되는 성과를 이뤘다. 결코 쉬운 행동이 아닐뿐더러 이토록 단순히 정리

해서 이야기하기에는 그 안에 너무나 다양한 맥락과 의미가 담겨 있다. 이제 푸시 라이엇은 음악과 페미니즘을 이야기할 때 빼놓을 수 없는 존재가 되었다. 이들의 음악을 듣고 싶다면 음원보다는 유튜브에서 이들의 공연을 볼 것을 권한다.

내 질은 거칠고 위험해
메이저 레이블을 흔들어놓지
멍청하게 굴지 마, 바보처럼 굴지 마
질은 네가 정말 나온 곳이니까
♪ Pussy Riot, 「straight Outta Vagine」 중에서

2018 러시아 월드컵 결승전 난입

푸시 라이엇은 2018 러시아월드컵 결승전에 경찰 복장을 하고 난입해 화제가 되었다. 경기는 잠시 중단되었고 프랑스 선수와 하이파이브를 하는 등 경기장을 휘젓다가 끌려나갔는데 단순히 난동을 피우기 위해 이러한 행동을 한 것은 아니었다. 푸시 라이엇은 성명을 발표해 정치범 석방과 시위대에 대한 불법 체포 중단을 요구했다. 러시아 정부가 징역형등의 수단을 동원해 제재하고 있지만, 푸시 라이엇은 행동을 멈추지 않고 있다. 그들은 이 사건으로 15일 구금당했으며 3년간 스포츠 경기를 관람하지 못하게 되었다. 세계의 인권단체들은 동성애를 법으로 금지하고 인권을 탄압하는 러시아에서 퀴어들을 위해 행동하는 푸시 라이엇에게 지지를 보내고 있

2018러시아월드컵 결승전에 난입한 푸시 라이엇.
푸시 라이엇은 무대 위에서뿐 아니라
다양한 곳에서, 다양한 행위로,
다양한 정치적 메시지를 던진다.
그들이 단순히 난동을 피우기 위해
이런 행동을 하는 것은 아니다.
성소자의 인권 증진을 위해,
독재를 비판하기 위해 몸을 내던지는 것이다.

다. 이들은 미국에서 흑인이라는 이유만으로 공권력에 살해당하는
이들을 위해 영어로 작품을 발표하는 등 활동 범위를 점차 넓혀가
고 있다.

아시아 최초! 타이완의 동성결혼 법제화

2017년 5월 24일, 타이완 사법원은 동성 간 결혼을 불법이라고 규정한 민법에 '위헌' 판결을 내리고, 2년 내에 민법을 개정하도록 요구했다. 타이완이 아시아 최초로 동성결혼을 허용하는 국가가 되는 순간이었다. 타이완 사회는 2000년대 초부터 동성결혼 법제화를 위한 여러 목소리를 냈다. 2004년에는 성평등 교육 법안이 도입되었고 중학교와 고등학교에서 성평등 교육과 더불어 퀴어인권 교육이 이뤄지고 있다. 지지와 연대의 목소리를 낼 기회가 좀더 생긴 것이다.

타이완이라고 해서 모든 과정이 순탄했던 것은 아니다. 그러나 2010년대에 들어서면서 '해바라기 운동'태양화 운동이라고도 한다. 2014년 3월 대학생들과 야당이 주축이 되어 국회를 점거하며 시작된 시민불복종 운동이다이라 불린 대규모 집회가 열리는 등 큰 사회적 변화를 겪는다. 민주주의와 인권을 향한 희망의 외침은 많은 사람의 인식에 변화를 불러일으켰다. 타이완의 동성결혼 법제화 역시 이러한 변화와 오랫동안의 노력으로 이뤄낸 성과다.

타이완의 동성결혼 법제화 소식을 접하며 생각나는 음악가가 있어서 소개한다. 타이완의 팝 스타로 큰 성공을 거두었을뿐더러 아시아 전역에서 인기를 끌고 있는 채의림蔡依林이다.

채의림은 타이완은 물론 중화권을 대표하는 가수 가운데 한 명이며, 아시아 내에서는 '팝의 여왕'이라고 불릴 정도의 인지도와 팬덤을 보유하고 있다. 개인적으로는 한중일을 통틀어, 나아가 아시아를 통틀어 가장 뛰어난 팝 음악가가 아닐까 생각한다.

채의림이 밝힌 지지와 연대

10대 후반이던 1999년에 데뷔한 채의림은 잠깐의 공백기를 거친 뒤 「看我72變」^{See My 72 Change, 72번 변하는 나를 봐}라는 작품을 선보이며 전환점을 맞는다. 수동적이고 풋풋한 이미지였던 그가 적극적이고 강한 이미지로 변신에 성공한 것이다. 2004년에 발표한 『城堡』^{Castle, 성보}는 당시 한국에서도 발매됐다. 이후 2006년부터는 더욱 적극적이고 개성 있는 인상을 남기며 지금까지 한 작품당 평균 300만 장(아시아에서 200만 장) 이상의 앨범 판매량을 기록한다.

그가 이미지 변신만 꾀한 것은 아니다. 때로는 소속사를 옮겨가며, 때로는 해외 음악가와 협업하며 작품의 완성도를 높이기 위해 부단히 노력했다. 발레, 체조 등 높은 수준의 안무를 선보이기 위해 많은 것을 배웠고, 무대나 뮤직비디오, 비쥬얼 작업에도 투자를 아끼지 않았다. 그 결과 2013년부터는 해외에서 먼저 그를 알아보고 초청하기 시작했으며, 데뷔한 지 20년이 다 되어가는 지금까지 꾸준히 발전하는 모습을 보여주고 있다.

가장 마지막에 낸 앨범이 '커리어 하이'career high, 자신의 커리어에서 가장 좋은 작품이나 활동을 한 시즌라고 할 정도로, 그의 음악 세계는 후퇴하거나 퇴보하지 않는다. 소화하는 장르도 다양하다. 대중적인 발라드나 댄스 음악만이 아니라 아프로 리듬을 가져오거나 랩을 시도하는 등 계속해서 변화를 모색해왔다.

채의림은 그만큼 아시아에서 그리고 전 세계적으로 많은 사랑을 받고 있다. 아시아의 큰 음악시장인 일본의 팝 스타 아무로 나미에安室奈美惠, 호주의 팝 스타 카일리 미노그Kylie Minogue와의 콜라보 작업으로도 유명하다. 최근에는 펑크, 일렉트로니카, 힙합, 재즈 등 다양한 장르를 섭렵하며 사랑받고 있는 아티스트 알레소Alesso와 협업하기도 했다. 중국의 예닐곱 개 도시에서 투어를 도는 등 중국에서의 인기도 상당히 높다.

무엇보다 채의림은 오랜 시간 퀴어인권을 지지하고 동성결혼 법제화에 목소리를 낸 것으로도 유명하다. 2007년 타이완 프라이드 행진의 주제가는 채의림의 「Bravo Lover」였다. 그는 '모두 같은 사랑을 하고 있으며, 있는 그대로의 모습이 자연스러운 것이다'라는 메시지를 음악에 담았다. 그리고 게이 아이콘으로서 발언하고 활동해왔다. 2012년에 발표해 많은 사랑을 받은 「迷幻」Fantasy, 미환도 그러한 내용을 담고 있다.

2014년에 발표한 「不一樣又怎樣」We're All Different, Yet The Same, 다르지만

2015년 타이완의 타이베이에서 공연 중인 채의림.
아시아를 넘어 전 세계적으로 사랑받고 있는
채의림은 오랜 시간 성소수자의 인권을 지지하고
동성결혼 법제화를 위해 목소리를 냈다.

^{그게 어때서}에서는 더욱 적극적으로 퀴어를 지지한다. 이 작품의 뮤직비디오는 동성결혼이 인정되지 않는 현실 속 레즈비언 커플의 이야기를 충실히 담아낸다. 덕분에 싱가포르에서는 이 뮤직비디오의 상영이 금지되기도 했다(뮤직비디오 상영이 금지됐지만 채의림은 공연에서 자신의 메시지를 확실하게 전했다).

커리어 하이라는 호평은 물론 여러 상을 받기도 한 13번째 정규 앨범에서 채의림은 더욱 강하게 목소리를 냈다. 시몬 드 보부아르^{simone de Beauvoir, 1908-86}의 『제2의 성』^{Le Deuxième Sexe}에서 제목을 따온 「第二性」^{The Second Sex, 제이성}을 포함해 여러 작품에서 사회의 부조리를 비판하고, 여성으로서 그리고 페미니스트로서 이야기한다. 월드 투어를 할 수 있을 정도의 인지도를 쌓은 채의림은 빅 스타가 될수록 오히려 더욱 적극적으로 사회적 메시지를 꺼낸다. 최근에는 10대 사이에서 퀴어를 괴롭히는 현상을 비판적으로 이야기하며 10대 퀴어에게 힘을 실어줬다.

장혜매의 지지와 연대

타이완에는 채의림 외에도 장혜매^{張惠妹}라는 팝 스타가 있다. 흔히 애칭으로 '아메이'^{a-MEI}라고 부르는 장혜매는 타이완 소수민족 출신으로 1996년에 데뷔했다. 그의 데뷔곡은 당시 중화권 차트에서 10주 연속 1위를 차지할 정도로 많은 사랑을 받았다. 그는 뛰어난 가창력으로 승부했고, 이후 1999년에 발표한 앨범은 세계적으로 800만 장이나 팔렸다.

타이완 총통 취임식에서 타이완 국가를 불렀다는 이유로 한동안 중국 활동에 제약을 받기도 했지만, 장혜매는 개의치 않고 가창력에 섬세함을 더하며 꾸준히 공연을 이어갔다. 그러던 가운데 2009년 『AMIT』를 발표한다. 이 앨범은 기존에 장혜매가 발표한 작품들과 여러모로 달랐다. 강하고 파격적인 음악은 물론, 페미니스트로서 자신이 하고 싶은 이야기를 거침없이 펼쳐놓은 것이다. 기존의 상업적인 노선을 내려놓고 철저히 자신이 하고 싶은 대로 했더니, 역설적이게도 각종 시상식에서 상을 받는 것은 물론 더욱 많은 팬의 지지와 사랑을 받게 되었다.

퀴어 등 자신의 고민과 이야기를 가감 없이 풀어놓은 장혜매는 2015년에 『AMIT2』를 발표하며 한 번 더 페미니스트로서의 자신을 세상에 알린다. 특히 「母系社會」모계사회라는 작품은 굉장한 이슈가 되었다. 장혜매는 원주민으로서의 정체성, 여성의 권리, 동성결혼 법제화 등의 이야기를 음악으로 풀어낼 줄 아는 팝 스타다. 그러면서도 커리어를 멋지게 유지하고 있다.

장혜매는 2000년대 중반부터 동성결혼 합법화를 꾸준히 지지했다. 2010년부터 꾸준히 타이완 프라이드 행진에서 공연하는 등 홍보대사도 자처하고 있다. 덕분에 행사의 대대적인 성공에 이바지했다. 3만 명에 이르는 시민을 모으며 행사의 대대적인 성공에 이바지했다.

장혜매의 대표적 행보 가운데 하나는 사비로 열었던 무료 콘서트다. 2013년 그는 동성결혼 법제화를 지지하며 10만 달러를 들여 무료 콘서트를 열었다. 당시 2만 명이 모이며 공연은 대성황을 이루었다. 장혜매는 활동 초기에 상업적 노선을 유지하며 큰 성공을 거뒀다. 지금은 자유롭게 활동하면서 자신의 생각을 전하고 많은 사람의 지지와 사랑을 받고 있다.

타이완에는 채의림, 장혜매뿐 아니라 여러 팝 스타가 사회적으로 목소리를 내고 활동하고 있다. 사실 타이완의 팝 스타들은 제한적인 시장 규모 때문에 자국에서만 활동할 수 없다. 그러다 보니 자연스럽게 중국의 눈치를 보는 등 여러 이해관계를 계산하는 이들이 있다. 그러나 채의림과 장혜매는 그러한 장벽과 '차별'이라는 벽을 깨고 자신의 작품으로 그리고 멋진 활동으로 목소리를 내면서 성공적인 음악가로서의 커리어를 이어가고 있다.

음악평론에서 페미니즘 제기하기

· 맺는말

미국을 대표하는 문예지 『뉴요커』*The New Yorker*에서 「세상은 여성록 음악 평론가를 필요로 한다」The World Needs Female Rock Critics는 기사를 실은 적 있다. 음악평론가인 안웬 크로포드Anwen Crawford가 자신의 경험을 바탕으로 쓴 이 글은 음악평론이라는 영역 내에서 여성의 입지를 넓히기 위해 여성 음악평론가가 필요하다고 이야기한다.

그런가 하면 얼마 후 『페이더』*Fader*라는 웹진에서는 「세상은 더 많은 여성 음악평론가를 필요로 하지 않는다」The World Doesn't Need More Female Music Critics는 기사가 올라왔다. 이 글 역시 개인의 경험을 바탕으로 쓴 글이다. 글쓴이 에밀리 프리들랜더Emilie Friedlander는 자신이 몸담은 음악평론의 영역 내에는 이미 여성 음악평론가가 여럿 존재하고, 중요한 것은 '우리'의 존재를 알리고 목소리를 내는 것이라고 이야기한다. 즉 이미 많은 여성 음악평론가가 글을 쓰고 있지만, 음악평론계는 이들을 '전문성이 없다'고 여기며 '남성평론가와 차등을 두고' 바라본다는 것이다. 이는 사회에서 여성을 바라보는 시선과 크게 다르지 않다.

에밀리 프리들랜더에 따르면, 음악평론에서 젠더, 인종 등을 이야기하기 시작한 건 그렇게 오래되지 않았다. 최근 들어 젊은 음악평론가들이 인종, 젠더, 퀴어, 몸 등을 주제로 글을 쓰기 시작했으며, 단순히 음악을 하나의 텍스트로 읽거나 관련된 이슈를 해석하는 작업 외에도 다양한 측면에서 정체성과 관련된 이야기를 꺼내고 있다고 한다.

예를 들면 2010년 초반에 '백인이 힙합, 알앤비 등의 음악에 관한 글을 쓰는 것'을 두고 많은 글이 쓰여졌다. 소위 '흑인음악'이라 불리는 몇몇 장르에서는 문화 전반을 이해하고 그 맥락을 파악하는 작업이 필요한데, 이것이 인종 정체성과 밀접한 연관이 있다는 것이다.

이러한 논의는 어느 장르이든 성역화되는 과정에서 나올 수밖에 없는 것인지도 모른다. 하지만 실제로 흑인사회나 그들의 실생활에 대한 이해가 없는 상태에서 흑인음악을 듣는 것과 그렇지 않을 때 듣는 것의 차이는 아주 크다. 그래서 아직도 어떤 이들은 최근의 젊은 백인 음악평론가들이 힙합 음악을 취향 정도로 취급하거나 가볍게 소화하는 것을 적극적으로 반대하기도 한다.

그렇다면 페미니즘과 퀴어는 어떨까? 이는 정말 최근에서야 이야기가 나오기 시작한 주제다. 관련된 작품과 음악가가 많이 등장하다 보니 자연스럽게 비평도 많아진 것인데, 심도 있는 이야기를 하는 사람은 아직 그렇게 많지 않다. 더불어 이런 담론을 형성하는 대부분 매체는 온라인에 기반하는 작은 규모의 웹진이다.

긍정적으로 볼 수 있는 건, 미국 여성잡지 가운데 『나일론』*Nylon*을 포함한 몇 곳이 페미닌*Feminine, 여성스러운 것*에서 페미니즘으로 그 방향을 조금씩 옮기고 있다는 점이다. 아직 온전하게 정착하거나 공개적으로 지향성을 표명한 것은 아니지만, 기쁜 마음으로 읽을 수 있는 기사가 점점 더 많아지고 있다.

음악과 관련된 글 역시 마찬가지다. 여전히 정형화된 형식에 따라 음악을 이야기하는 사람도 많지만 그 틀을 벗어나려고 시도하는 사람들이 나타났다. 그들은 기존의 틀을 벗어나기 위해 페미니즘을 차용한다. 또한 모든 음악 작품에 도덕적 잣대를 들이대는 것은 아니지만, 몇몇 '지나치다'고 생각하는 지점은 확실하게 비판한다. 이러한 변화가 앞으로 더 눈에 띄지 않을까 기대하고 있다.

앞서 소개한 「세상은 더 많은 여성 음악평론가를 필요로 하지 않는다」는 기사는 젊은 음악평론가들이 어떻게 행동하고 있는지를 언급하고, 기성 음악평론가들의 문제점도 지적한다. 기성 음악평론가는 인터넷에서 활동하는 이들을 순진하고 아마추어 같은 존재로 보고 있으며, 그들이 무엇을 하고 있는지, 어디에 글을 쓰는지조차 모른다는 것이다. 또한 여기에는 다소 깔보는 시선도 포함되어 있다.

솔직히 이러한 행태는 한국도 마찬가지다. 모든 기성 음악평론가의 문제는 아니고, 그 기준을 딱히 정할 수도 없지만, 국내 음악평론계의 전반적인 상황도 크게 다르지 않다. 젊은 페미니스트들이 처한 상황과도 몇 가지 지점을 비교해볼 수 있다. 기성세대나 먼저 길을 걸었던 사람들을 부정하거나 존경하지 않는다는 것이 아니며,

모두 문제라는 말도 물론 아니다. 다만 개선해야 할 부분은 짚고 고쳐나가야 발전이 있으므로 새로운 문제 제기는 늘 필요하다.

음악평론에서 성별이나 인종 관련 이슈는 확실히 존재한다. 그러므로 이러한 이슈를 꺼내고 확장하며 넓은 차원에서 논의하는 것이 중요하다. 또한 그런 논의를 할 사람도 필요하다. 한국에서 음악에 관해 글을 쓰는 사람은 여전히 한정되어 있고, 영화비평이나 문학비평에 비해 이론적 바탕이나 활동 영역이 왜소한 것도 사실이다. 하지만 그렇기 때문에 가능성을 찾고 비전을 설계할 수 있다고 생각한다.

나는 여러 분야에서 페미니즘을 이야기해야 한다고 주장하기보다 이미 그렇게 하고 있는 사람과 함께 뭔가를 만들어나가는 것이 필요하다고 생각한다. 나 역시 아직 많이 부족하지만, 지금의 문제의식과 생각을 놓지 않고 꾸준히 목소리를 내고자 한다.

찾아보기

ㄱ

그라임스 321
글로리아 게이너 102, 104

ㄴ

나타샤 베딩필드 66~68
니나 시몬 22, 32~34, 189, 247,
니키 미나즈 109, 110, 216, 217, 220

ㄷ

더 드림 169~171, 227, 233
데미 로바토 66, 92~95
도나 썸머 65
돌리 파튼 35, 36
두아 리파 231
드 라 소울 127, 128, 130, 131, 132

ㄹ

라나 델 레이 14, 207
러비 오스틴 18
레슬리 고어 31
레이디 가가 8, 15, 71, 115, 181, 197,
  207, 227
로드 207, 227~229, 321
로린 힐 110~113, 137, 138, 220
로빈 105
로웰 232~236
로직 162~164, 226
루페 피아스코 25, 148~150
리아나 56, 216
린지 쿠퍼 19, 20
릴리 알렌 77, 207, 208, 210

ㅁ

마돈나 8, 14, 15, 45~49, 51, 53, 181,

237

마이티 애프로다이티 22
마일리 사이러스 14, 207~209
매기 니콜스 19, 20
매리 램버트 78
매클모어 & 라이언 루이스 78
맥스웰 14
메간 트레이너 14
미시 엘리엇 109, 110
미카 85~88

ㅂ
베시 스미스 18
브루스 스프링스틴 58, 137, 141
브리아 스콘버그 22
비욘세 13, 14, 56, 97, 99, 100, 102,
    113, 169, 181~190, 207, 208, 211,
    216, 232
빅 숀 14
빈스 스테이플스 164, 165
빌리 홀리데이 25~28, 66

ㅅ
사라 바렐리스 79
샤니아 트웨인 35, 59, 61~64
세인트 빈센트 14
솔란지 13, 189

솔트-앤-페파 108, 109, 132
슈라 114
시드 114, 231
시애라 14, 99, 113
시저 13, 134, 218, 228
신디 로퍼 8, 45~51, 53, 103, 224

ㅇ
아노니 13
아델 14, 80, 207
아리아나 그란데 14, 207, 216
안드레 3000 14
알리샤 키스 14
앨라니스 모리셋 105
앳모스피어 131
어 트라이브 콜드 퀘스트 132
엠씨 라이트 108, 132
오노 요코 39~43
유에스 걸스 231
인디아 아리 80, 83
일라이자 블레이크 1665, 166

ㅈ
자넬 모네 14, 191~197, 199~205,
    223
자넷 잭슨 32, 53~58, 199
장혜매 247~249

제시 제이 72, 77
제이지 33, 189, 223
제이콜 141~143
존 레넌 39~43
존 레전드 14, 166
주얼 123~126, 133, 134

ㅊ
채의림 244~247, 249

ㅋ
카디 비 220, 227
카밀라 카베요 224, 227
칸예 웨스트 25
케샤 14, 223~225
케이 미셸 216
케이난 175~179
케이티 페리 103, 207
켈라니 13, 56, 219
켈리 클락슨 103
퀸 라티파 108
퀸시 존스 32
크리스티나 아길레라 103

ㅌ
테일러 스위프트 14, 35, 59, 207, 211, 232

트로이 시반 114

ㅍ
퍼렐 윌리엄스 187
페미니스트 임프로바이징 그룹 19
푸시 라이엇 237~240
프랭크 오션 114~212
프린세스 노키아 219
핑크 14, 72~77, 228,

ㅎ
할시 228, 231,
헤일리 스타인펠드 14, 78, 79
헬렌 레디 36
휘트니 휴스턴 65

노래하는 페미니즘

지은이 박준우
펴낸이 김언호

펴낸곳 (주)도서출판 한길사
등록 1976년 12월 24일 제74호
주소 10881 경기도 파주시 광인사길 37
홈페이지 www.hangilsa.co.kr
전자우편 hangilsa@hangilsa.co.kr
전화 031-955-2000~3 팩스 031-955-2005

부사장 박관순 총괄이사 김서영 관리이사 곽명호
영업이사 이경호 경영이사 김관영
편집 김대일 김광연 백은숙 노유연 김지연 김지수 김명선
마케팅 서승아 관리 이주환 문주상 이희문 김선희 원선아
디자인 창포 031-955-9933
CTP 출력 및 인쇄 예림 제본 예림

제1판 제1쇄 2019년 4월 30일

값 14,500원
ISBN 978-89-356-6810-6 04080
978-89-356-7041-3 (세트)

• 잘못 만들어진 책은 구입하신 서점에서 바꿔드립니다.
• 이 도서의 국립중앙도서관 출판시도서목록(CIP)은 서지정보유통지원시스템 홈페이지(seoji.nl.go.kr)와
국가자료공동목록시스템(www.nl.go.kr/kolisnet)에서 이용하실 수 있습니다.
(CIP제어번호: CIP2019013676)

• 이 책은 여성주의 저널 『일다』에 실린 내용을 바탕으로 씌었습니다.
(여성주의 저널 『일다』 후원 계좌: 신한 100-025-522490 (유)미디어일다)